NOTES ET DOCUMENTS

SUR LA

PAIX DE RYSWICK

PAR

A. LEGRELLE

DOCTEUR ÈS LETTRES.

LILLE

IMPRIMERIE DESCLÉE, DE BROUWER ET Cie

41, rue du Metz, 41

1894.

NOTES ET DOCUMENTS

SUR LA

PAIX DE RYSWICK

PAR

A. LEGRELLE

DOCTEUR ÈS LETTRES.

LILLE

IMPRIMERIE DESCLÉE, DE BROUWER ET Cie

41, rue du Metz, 41

1894.

La Paix de Ryswick.

L'Histoire de la paix de Ryswick se divise, très sensiblement, en trois périodes bien distinctes. La première, de beaucoup la plus longue et la plus importante, a un caractère essentiellement préparatoire. Louis XIV n'était pas parvenu d'abord à détacher l'Espagne de la grande Alliance formée à Augsbourg. Mais, en 1696, il finit par enlever à cette Ligue le duc de Savoye, dont la retraite définitive en détruisait tout l'équilibre. Presque en même temps, les Hollandais eux-mêmes se décidèrent à abandonner la lutte, et Guillaume, faute de victoires, sembla le premier enclin à accepter la paix comme un pis-aller provisoire. La seconde période, très courte, s'ouvre à Ryswick en mai 1697, et met la France officiellement en présence, non plus seulement des puissances protestantes déjà gagnées, mais de l'Empire, indécourageable dans sa revendication de l'Alsace. Un simple intermède, composé de quatre ou cinq dialogues en pleins champs entre Boufflers et Portland, constitue le dernier épisode, en juillet et août 1697, si bien que Léopold se voit forcé de signer à son tour, le 30 octobre 1697, la paix déjà conclue par tous ses alliés. Reprenons maintenant en détail, mais sans nous astreindre à cette division, en quelque sorte théorique, ces diverses séries de négociations assez complexes, où nous tâcherons d'introduire un peu de psychologie.

I.

Le premier des gouvernements ligués contre lui, que Louis XIV avait tâché de ramener à la raison et au juste sentiment de ses intérêts bien compris, était naturellement celui de l'Espagne. Toutefois, le Roi avait estimé que le mieux était de s'adresser aux Espagnols en qualité de prince catholique et au nom de l'Église romaine. Il aurait donc désiré que les bons conseils qu'il destinait à la Cour de Madrid partissent de Rome, et non pas de son cabinet. Aussi avait-il, dès le 6 août 1691, fait expédier au cardinal de Janson-Forbin, son ambassadeur auprès du Saint-Siège, la dépêche que voici et qui nous mettra tout de suite au courant.

« Sa Majesté, ne voulant rien omettre de ce qui peut dépendre de sa prévoyance et de ses soins pour empêcher que la religion catholique ne souffre aucun préjudice des desseins qu'une bonne partie de ses ennemis a formés pour la détruire, et se prévaloir pour cet effet de la jonction de la maison d'Autriche à leurs intérêts, Sa Majesté a cru qu'il ne serait pas inutile que mon dit sieur le cardinal de Forbin entre en conférence sur cette matière avec M. le cardinal Salazar, au cas qu'il ait un juste sujet de croire que ce cardinal n'a aucun attachement avec la Cour de Vienne, et qu'il est autant zélé pour le bien et l'avantage de la monarchie d'Espagne qu'on le doit attendre d'un naturel et bon Espagnol.

Le passeport que Sa Majesté a bien voulu accorder audit cardinal Salazar, aux conditions qui ont été expliquées audit sieur cardinal de Forbin, lui peuvent *(sic)* donner sujet de l'entretenir sur les affaires présentes, et, quoique ce qui vient d'un ministre de Sa Majesté doive être fort suspect à un cardinal espagnol, néanmoins il y a de certaines vérités qui doivent toujours faire impression sur un esprit raisonnable, et, principalement, quand elles regardent la religion, au maintien de laquelle tous ceux qui sont honorés de la dignité de cardinal doivent également travailler sans distinction de nation.

C'est ce qui doit donner créance aux insinuations que ledit cardinal de Forbin pourra faire audit cardinal Salazar du grand préjudice qu'elle reçoit de ce pouvoir absolu, que les Espagnols ont laissé prendre au prince d'Orange dans toutes les plus grandes et les plus fortes villes qui restent au roi catholique dans les Pays-Bas. Il lui fera entendre que les calvinistes et protestants y trouvent déjà l'exercice libre de leur religion; qu'il n'y a point de place où leurs troupes ne soient beaucoup plus fortes que les catholiques; que le gouverneur général et tous les gouverneurs particuliers sont soumis à ses volontés, et n'osent y faire la moindre résistance, même dans les plus grands attentats qu'il commet contre l'autorité de leur maître ; qu'enfin, il n'est pas moins absolu dans le Pays-Bas espagnol que dans les Provinces-Unies.

Que toute la guerre qui se fait à présent roule sur deux intérêts également désavantageux à la religion et à la monarchie d'Espagne ; que le premier regarde le prince d'Orange, qui a pour motif de cette guerre son affermissement dans son usurpation, l'oppression de la religion catholique partout où il pourra établir son pouvoir, la réduction de tout le Pays-Bas espagnol à son obéissance, et, finalement, la conquête des Indes Occidentales, qui lui sera fort facile avec les grandes flottes que l'Angleterre et la Hollande peuvent armer, s'il peut venir à bout de ces trois premiers projets ; que le second est celui de la Cour de Vienne, laquelle, ayant été cy-devant gouvernée par les Espagnols, se promet par la continuation de la guerre de s'assujettir entièrement la monarchie d'Espagne et de traiter les Espagnols avec beaucoup plus de hauteur qu'ils n'en ont eu par le passé pour les Allemands ; que les ministres impériaux ne doutent point qu'ils ne réussissent très facilement dans ce projet, s'ils peuvent faire agréer au roi catholique qu'un des fils de l'Empereur soit élevé à sa Cour comme successeur à la Couronne d'Espagne au cas que ledit roi vienne à mourir sans enfants.

Que, comme cette démarche attirerait indubitablement à l'Espagne une guerre immortelle avec la France, qui ne pourrait pas souffrir l'injustice horrible que cette Couronne ferait par là à Mgr le Dauphin et aux princes ses enfants, elle ne pourrait point la soutenir qu'en faisant, d'un côté, tout ce qui plairait à la Cour de Vienne, et, de l'autre, ce qui leur serait prescrit par le prince d'Orange, de sorte qu'elle se verrait bientôt sous la domination aussi absolue qu'insupportable, ou des Allemands, ou des Anglais et Hollandais, et peut-être des uns et des autres; qu'à l'égard de la France, outre qu'elle est assez puissante pour se soutenir par ses propres forces, il ne faut pas douter que, si, contre toute apparence, il lui arrivait quelque disgrâce, il ne lui fût toujours fort facile de faire son accommodement avec le prince d'Orange, et que la seule difficulté qui puisse rassurer l'Espagne, c'est le grand éloignement de Sa Majesté à rien faire qui puisse préjudicier à sa gloire, si elle voulait faire la démarche honteuse, que la maison d'Autriche a déjà faite, de le reconnaître pour roi, et de lui abandonner tout ce qu'il pourrait prendre sur l'Espagne, soit en Europe ou dans les Indes ; qu'il a assez de lumières pour bien reconnaître qu'un ami comme le Roi serait infiniment plus utile à son affermissement que la maison d'Autriche avec tous ses adhérents ; mais qu'à l'égard de l'Espagne, de quelque côté que tourne le sort des armes, elle en souffrira beaucoup, et pour la religion, qu'elle laisse accabler dans le Pays-Bas espagnol par le prince d'Orange, et pour le gouvernement temporel, auquel ce prince donne de terribles atteintes, et qui recevrait le coup mortel, si Sa Majesté voulait s'accommoder avec lui ; qu'ainsi, de quelque côté que les Espagnols veuillent regarder, ils ne trouveront point de véritable salut pour eux et de plus sûr moyen de rétablir la monarchie qu'en faisant ce que les lois divines et humaines, et, principalement, les coutumes et constitutions d'Espagne les obligent de faire, qui est de préférer l'héritier présomptif et légitime à ceux qu'ils ne peuvent reconnaître sans une rébellion manifeste.

Que, tant qu'il plaira à Dieu donner au roi catholique quelque espérance de succession, il ne doit avoir aucune pensée d'assurer à la monarchie d'Espagne aucun autre héritier, et que Sa Majesté souhaitera toujours sincèrement la conservation de la santé de ce prince, mais que, s'il songe à élever dans sa Cour un successeur, le devoir de sa conscience et le bonheur de ses peuples ne lui doivent pas permettre d'en choisir aucun autre que Mgr le Dauphin, qui est le seul légitime héritier ; que, cependant, pour s'accommoder au désir que pourrait avoir la nation espagnole de voir élever chez eux *(sic)* celui qui y doit régner, et que ce ne fût pas le présomptif héritier de la Couronne de France, on pourrait convenir des moyens et des conditions sur lesquelles on ferait passer M. le duc d'Anjou ou M. le duc de Berry en Espagne, pour y être élevez selon les maximes de cette monarchie, et que, par ce moyen, elle se mettrait à couvert de tous les périls qui la menacent et s'assurerait d'une paix perpétuelle et d'une parfaite correspondance avec la France ; que tous les grands seigneurs et autres sujets de cette monarchie se maintiendraient dans la possession de toutes les dignités, charges, emplois et bénéfices de cette Couronne ; qu'ils ne se voieraient point gouvernés par les Allemands ni par aucune autre nation étrangère ;

qu'ils n'auraient rien à craindre pour les Indes Occidentales, sur lesquelles non seulement la France ne fera jamais aucune entreprise tant que le Conseil d'Espagne n'y voudra faire aucune nouveauté, mais même elle sera toujours prête à donner à cette monarchie tout l'appui et le secours dont elle pourrait avoir besoin ; que la religion catholique se conserverait et s'augmenterait même, aussi bien dans tous les lieux dépendant de la monarchie d'Espagne qu'en France et peut-être encore dans les royaumes qui ont été si injustement ôtés au roi d'Angleterre, et qu'enfin cet accommodement serait salutaire à toute la Chrétienté et réparerait entièrement le grand préjudice que le Conseil d'Espagne a fait à la réputation que les rois catholiques avaient acquise d'être fort zélés pour la religion; que lui, en son particulier, s'acquérerait un très grand mérite envers toute l'Espagne d'avoir fait une union d'intérêt si avantageuse à tous ceux qui dépendent de cette monarchie, et s'ouvrirait un chemin facile à la principale administration de la plus importante affaire de cette Couronne, et même à toutes les grâces et récompenses qu'il pourrait désirer de Sa Majesté.

Si cette insinuation, à laquelle ledit sieur cardinal de Forbin pourrait ajouter tout ce qu'il croira pouvoir porter ledit cardinal de Salazar à se charger de représenter vivement ce qui lui aura été dit au roi son maître, fait toute l'impression sur son esprit qu'il est à désirer, il sera nécessaire de prendre avec lui de justes mesures pour l'entretien d'une correspondance secrète par le moyen de laquelle on puisse conduire une si importante affaire à une heureuse fin, ou au moins empêcher que le roi catholique ne fasse venir à la Cour un des fils de l'Empereur, ce qui ruinerait entièrement l'autorité dudit roi, et la ferait entièrement passer, même pendant sa vie, aux Allemands.

Enfin le Roi laisse à la prudence dudit sieur cardinal de Forbin de conduire cette négociation en la manière qu'il jugera à propos, et même de ne la pas commencer, si, par la connaissance qu'il a du génie, des talents, inclinations et intérêts dudit sieur cardinal de Salazar, il juge que ce ne soit pas un bon canal pour faire réussir cette affaire et qu'il ne soit pas du service de Sa Majesté de l'hazarder (1). »

Janson-Forbin usa de la latitude qui lui avait été finalement laissée. Il reconnaissait bien, il proclamait même

---

1. Le Roi à Janson-Forbin, 6 août 1691. — *Rome*, t. 341, fol. 126-131.

qu'il y avait urgence à s'occuper de ce qui allait advenir
en Espagne, la santé du roi étant fort altérée par une
fièvre étique. Pour lui aussi, il était évident que « toute
l'application de l'Empereur tendait à se rendre maître du
Milanais, et à faire passer ensuite un de ses enfants pour
être élevé en Espagne. » Mais Salazar n'était qu'une
« créature » d'Oropesa, qui l'avait fait cardinal et dont la
femme l'avait pris pour confesseur. Tout le crédit dont le
cardinal espagnol avait pu disposer venait de tomber en
même temps que le ministre qui en était la source. En
outre, Salazar vivait « dans une étroite union avec le
cardinal Gœtz, » mandataire de la Cour viennoise. Dans
ces conditions, Forbin estima qu'il « serait plus à propos
de laisser partir Gœtz, » et ensuite, mais seulement
ensuite, de parler à Salazar. Il suggéra même la pensée, afin de prévenir toute velléité d'indiscrétion, de
ne confier à Salazar « qu'à son passage en Langue-
doc » les desseins que la Cour de France avait sur
lui. Le cardinal Bonzi, avec lequel il devait faire route,
serait en ce cas un intermédiaire tout trouvé. Le mieux
encore, remarquait Forbin, ne serait-ce pas, pour sonder
la Cour d'Espagne, d'employer les bons offices du général
des Dominicains, le P. Cloche, « qui avait résolu de commencer au mois de novembre la visite des couvents de
son Ordre, » et qui se proposait de traverser la France
avant de franchir les Pyrénées? Le P. Cloche passait
pour « ami particulier du confesseur du roi d'Espagne,
qui était de son Ordre (1). » Ce dernier avis prévalut à
Versailles (2).

La pensée de négocier directement en Espagne par
l'entremise d'ecclésiastiques, surtout de moines, était née
d'elle-même chez les conseillers habituels de Louis XIV,
bien avant que les relations officielles eussent cessé entre
les deux rois beaux-frères. Dès le printemps de 1682, le

---

1. Janson-Forbin au Roi, 4 septembre 1691. — *Rome*, t. 341, fol. 323-328.
2. Le Roi à Janson-Forbin, 27 septembre 1691. — *Rome*, t. 341, fol. 382.

maître de la France faisait écrire des lettres pour mettre
en rapport ses agents diplomatiques avec deux Cordeliers
qui quittaient Paris pour aller dans la péninsule assister
à une réunion générale de leur Ordre (1). En avril 1686,
il avait même été question d'envoyer à la Cour de Charles II le P. Verjus, frère du comte de Crécy, afin d'y
assister Feuquière, auprès de qui on jugeait à propos
d'aposter « un homme habile, capable de lui donner de
bons conseils et le seconder sans éclat. » Or, continuait le
« Mémoire » présenté au Roi, il était nécessaire « de choisir plutôt un religieux, surtout en Espagne, que d'une
autre profession. » On assignait pour tâche principale au
P. Verjus de démontrer la validité des droits du Dauphin,
non seulement dans les couvents, mais, s'il le pouvait,
jusque dans l'entourage de l'Inquisiteur-Général, « qui ne
fera pas une petite figure en Espagne dans un inter-
règne (2). » A bien plus forte raison, depuis le départ de
Rébenac, le personnel des couvents devait-il paraître
essentiellement propre, dans le royaume de Charles II,
non seulement à travailler avec succès en faveur du Dauphin, mais aussi à nouer les premiers fils qui permet-
traient d'arrêter l'effusion du sang, au pis-aller, à procurer
au Roi quelques clartés sur l'Espagne.

A défaut du P. Cloche, qui se récusa ou qu'on récusa,
le choix du Roi tomba sur un « fameux prédicateur, »
appartenant à l'Ordre de la Merci, et qui avait prêché à
Versailles au moins le jour de la Pentecôte 1685. Il
s'appelait le P. Blandinières (3). Il avait fait plusieurs
voyages en Espagne pour assister à des Chapitres généraux, et avait appris la langue, en sa jeunesse, pendant
deux années de séjour à Salamanque. Il se flattait de
compter parmi ses amis « un certain nombre de religieux
de mérite du couvent de la Merci de Madrid. » Ces religieux, par leurs relations personnelles, « lui devaient per-

<hr>

1. Le Roi à La Vauguyon, 6 mars 1682.— *Espagne*, supplément, t. 8.
2. *Espagne*, t. 76, fol. 284.
3. Dangeau, 10 juin 1685, t. 1, p. 189.

mettre à lui-même d'avoir des insinuations de Barcelone
et d'Alicante. » Le P. Blandinières mit donc en 1691 à la
disposition du Roi ses amitiés et ses aptitudes, si Sa
Majesté estimait que son faible ministère pût être de
quelque utilité. A cette intention, il rédigea une note de
quatre pages, qu'il écrivit de sa main, sans la signer, mais
qu'il enrichit de quelques portraits, plutôt, à vrai dire,
d'après des copies que d'après nature. Les originaux en
étaient les personnages politiques les plus en vue à la
Cour d'Espagne. Blandinières recherchait aussi les meil-
leurs moyens de pénétrer dans les États de Charles II,
ne se souciant que fort médiocrement de s'y présenter
sans passeport. Quelques facilités que la voie de mer lui
offrît à cet égard, il proposait de se joindre, avec les
papiers en règle que ne manquerait pas de lui fournir le
« général » de son Ordre, aux moines italiens qui en
faisaient partie, et qui, au mois de février, traverseraient
le midi de la France pour se rendre à Saragosse. Les
Pères de la Merci étaient en effet convoqués dans cette
ville pour prendre séance au Chapitre qui s'y allait tenir.
Une fois introduit à Saragosse, Blandinières, sous prétexte que les grandes chaleurs de l'été l'incommoderaient
beaucoup des Pyrénées à Paris, tâcherait de se faire
envoyer à Madrid dans le couvent de la Merci, où, paraît-
il, on ne s'occupait pas exclusivement du rachat des chré-
tiens emmenés en captivité par les pirates barbaresques.
Dans la capitale, il comptait bien rencontrer, parmi beaucoup d'autres, « un Père d'un grand mérite, prédicateur
du roi d'Espagne, et fort intrigué à la Cour (1). » Si aléa-
toire que pût paraître à l'avance cette diplomatie de
congrégation, Louis XIV ne pensa pas que l'offre fût en
définitive à repousser. Sans conduire directement à la
paix, les causeries du P. Blandinières pourraient toujours
mettre du côté de la France l'esprit religieux et les sym-
pathies monacales du pays. A tout hasard, l'Instruction

---

1. *Espagne*, t. 76, fol. 42-51.

suivante fut donc libellée vers la fin de 1691, après la prise de Mons :

« Le Roi ayant approuvé les moyens dont le P. de la Blandinière prétend se servir pour demeurer quelque temps en Espagne et principalement à Madrid, Sa Majesté désire qu'il parte incessamment pour se rendre vers les frontières d'Espagne, et qu'aussitôt que le P. général de la Merci lui aura envoyé son passeport il se rende auprès de lui, et que, sous le prétexte de ce qu'il y aura à faire pour le bien de cet Ordre dans le Chapitre qui se doit tenir après Pâques à Saragosse, il tâche de se concilier encore plus étroitement l'amitié dudit général et de ménager en secret celle du P. prédicateur qui aspire au généralat, aussi qu'il s'instruise auprès des autres religieux du même Ordre qui auront le plus de crédit à la Cour ou le plus d'habitude, soit auprès du connétable de Castille, du comte de Melgar, Monterey, Montalto, de l'archevêque de Saragosse, don Juan de Angusto, qui est à présent secrétaire du *Despacho Universal.*

Ledit P. de la Blandinière pourra déplorer, auprès du religieux auquel il croira pouvoir prendre le plus de confiance, le misérable état où se trouve aujourd'hui le Pays-Bas catholique, c'est-à-dire celui qui dépend de la monarchie d'Espagne, la ruine infaillible de la religion, qui ne subsistera dans tout ce pays qu'aussi longtemps que les protestants, qui en sont à présent maîtres absolus, la voudront tolérer, ou plutôt autant que le prince d'Orange jugera qu'il lui convient d'en souffrir l'exercice pour achever de s'assujétir tout le pays.

Il ajoutera qu'il faudrait être bien aveuglé pour croire que la conduite qu'il tient en Flandre tende à autre fin, et qu'il ait d'autre dessein que d'y entretenir la guerre jusqu'à ce que les peuples, lassés de tous les maux et désolations qu'elle leur cause, soient forcés de s'abandonner à lui.

Que, jusque-là, il fera semblant de favoriser le désir qu'a l'Électeur de Bavière d'en obtenir le gouvernement souverain, qu'il fera entendre en même temps à la Cour de Vienne qu'il lui conviendrait mieux de le faire tomber à un prince de Neubourg ; qu'il rebutera cependant tous les gouverneurs par *interim* qui seront assez bons Espagnols pour vouloir maintenir quelque reste de l'autorité mourante du roi leur maître ; que, plus ces gouverneurs, quels qu'ils soient, auront de mérite, plus il blâmera leur conduite, jusqu'à ce qu'il en trouve un assez lâche et assez peu affectionné aux intérêts du roi catholique pour seconder le dessein qu'il a de joindre l'usurpation des Pays-Bas à celle du royaume d'Angleterre ; qu'il est même trop éclairé pour ne pas bien voir que la souveraineté de tous les Pays-Bas, tant catholiques que protestants, lui serait beaucoup plus avantageuse et plus sûre, par la quantité de places dont il serait le maître, que l'usurpation d'un royaume, que le seul dégoût du peuple, qui paraît assez tous les jours, lui peut faire perdre en peu de temps, et que le Conseil d'État s'abuse bien grossièrement, s'il croit qu'un homme qui a détrôné le roi son beau-père, et violé toutes les lois divines et humaines, aura la bonne foi, ou plutôt la simplicité, d'employer toutes les forces et tous les trésors des nations anglaise et hollandaise pour conserver à la monarchie d'Espagne un pays qu'elle a déjà comme abandonné, et sur lequel elle ne conserve même plus d'esprit de possession que dans le doute où elle est du choix de celui à qui elle le doit remettre ; que tous les peuples voient bien qu'il ne s'agit plus que de savoir s'ils seront sujets, ou de la France, ou de l'Angleterre et de la Hollande, et qu'ils ne peuvent plus conserver leur religion que sous la domination de la première de ces puissances ; que lui, P. de la Blandinière, ne comprend pas comment, dans cette extrémité, il ne se trouve, dans le Conseil du roi d'Espagne, des ministres assez affectionnés à la monarchie pour chercher les expédients qui lui puissent conserver pour toujours ce qui lui reste en Flandre, et procurer un repos et une sûreté constante et inviolable à tous les États qui dépendent de cette Couronne et, qui plus est, mettre la religion catholique dans toute l'Europe à couvert des mauvais desseins des protestants ; qu'encore qu'il ne soit qu'un simple religieux il croirait pouvoir trouver des moyens également agréables aux principales parties, s'il avait à se mêler d'une si importante affaire.

Cette première ouverture semble suffisante pour disposer le religieux auquel il parlera (au cas qu'il ait de l'entendement) à faire rapport de ce qui lui aura été dit à celui des conseillers d'État avec lequel il aura quelque habitude, et, si ce ministre entre bien dans cette vue et fait connaître audit Père qu'il serait bien aise de voir secrètement son ami, ledit .... ne manquera pas de profiter de cette occasion pour se servir auprès dudit ministre des réflexions ci-dessus expliquées, qu'il donnera comme venant de lui, et lui dira qu'elles lui ont fait penser qu'il ne serait pas impossible de concilier les intérêts de la France avec ceux de l'Espagne, surtout à présent que Sa Majesté donne des preuves si convaincantes de sa piété, qu'on ne peut plus douter que les intérêts de la religion ne tiennent la première place dans son cœur, et, ayant ainsi que Sa Majesté catholique le même zèle et le même désir de la maintenir que ses prédécesseurs ont toujours fait paraître, elle fera le principal fondement d'une sincère réconciliation et d'une paix inviolable entre leurs personnes, leurs Couronnes et leurs sujets ; que Sa Majesté très chrétienne et Sa Majesté catholique s'engageront réciproquement à défendre la religion catholique, apostolique et romaine, envers et contre tous ceux qui la voudront attaquer, et à ne souffrir dans toutes leurs dépendances l'exercice d'aucune autre religion ; que, sans entrer dans la discussion des droits, raisons et prétentions de part et d'autre, et du juste sujet que Sa Majesté aurait de demander de grands dédommagements de ce qu'après les offres qu'elle a fait faire à Madrid, au commencement de cette guerre, de demeurer de part et d'autre dans la bonne correspondance que le traité de trêve avait rétablie, même d'en convertir les articles en un traité de paix définitive, l'Espagne a voulu rompre avec la France sans aucune autre raison que celle d'une espérance mal fondée de pouvoir, avec l'aide de tant de princes protestants, remporter quelque avantage sur Sa Majesté, sans considérer le préjudice que notre religion en pourrait souffrir ; on pourrait, dis-je, sans s'arrêter à toutes ces difficultés et embarras, demeurer, tant d'un côté que de l'autre, dans la possession où l'on est à présent, avec l'obligation réciproque de n'en venir jamais à aucune voie de fait, et que, s'il survenait dans la suite du temps quelque nouveau différend entre la France et l'Espagne, les rois très chrétien et catholique feraient prier le Pape par leurs ambassadeurs et ministres d'interposer ses offices pour les régler et terminer amiablement ; qu'au surplus tout ce qui a été stipulé par les traités de Nimègue et de Ratisbonne serait renouvelé.

Que, par ce moyen, les rois de France et d'Espagne, non seulement assureront le maintien de la religion catholique, apostolique et romaine dans toute l'Europe et empêcheront l'exécution des desseins que tous les princes et États protestants ont formés pour la détruire, mais que, de plus, la bonne intelligence entre ces Couronnes produirait aussi l'augmentation de notre religion, tant en Angleterre qu'en Hollande, et que, d'ailleurs, la monarchie d'Espagne n'aurait plus rien à craindre désormais ni pour la Flandre, ni pour aucun autre pays ou États dépendant de sa domination.

Si ces propositions ne sont pas entièrement rejetées, il pourra bien arriver que les ministres les mieux intentionnés pour la paix ne laisseront pas de prétendre la restitution de Monts et des conditions en faveur des alliés de l'Espagne qui soient assez raisonnables pour être acceptées, ou au moins pour fournir au roi catholique un juste sujet ou prétexte assez plausible pour se détacher de leurs intérêts en facilitant une paix séparée.

Quant au premier point, ils pourront alléguer le traité de Nimègue par lequel le Roi leur a rendu beaucoup de places considérables.

On pourra répondre que, comme ce n'a été qu'en vue de faire rendre à la Suède des provinces entières que cette Couronne avait perdues en s'attachant au parti de la France, à présent qu'il n'y a plus la même raison, il ne serait pas juste de demander à Sa Majesté l'abandonnement d'une place qu'il lui importe beaucoup plus de retenir qu'à l'Espagne de la recouvrer.

Qu'il lui semble néanmoins que, comme l'Espagne veut procurer les avantages des alliés, elle pourrait demander une chose qui lui serait beaucoup plus avantageuse que la ville de Monts, qui est que, par le même traité de paix avec la France, Sa Majesté très chrétienne s'obligeât de rendre Suze et Montmélian et toute la Savoye au duc de ce nom, aussi bien que tout ce que les armes de Sa Majesté auraient pu conquérir dans le Piémont; qu'ainsi Sa Majesté catholique aurait la gloire d'avoir fait rendre à un prince son allié la plus grande partie de ses États, ce qui serait bien plus avantageux à l'avenir de la Couronne d'Espagne qu'elle ne recevrait de préjudice de la perte d'une ville aux Pays-Bas, et, par le rétablissement de la paix en Italie, elle ferait aussi cesser tous les dangers dont l'entrée des troupes protestantes menace notre religion.

D'ailleurs, elle s'assurerait la conservation du duché de Milan, dont elle voit bien que l'intention de l'Empereur est de s'emparer, sous le prétexte que le roi catholique n'a plus la force de le défendre.

Si, cependant, les Espagnols veulent rendre le bien pour le mal aux Impériaux et que, dans le temps que ceux-ci veulent porter leur domination jusques à Madrid et assujétir tout le Conseil d'Espagne à la direction despotique de celui de Vienne, Sa Majesté catholique témoigne avoir assez à cœur les intérêts de l'Empire pour vouloir qu'il soit aussi compris dans la paix qu'elle fera et qu'il soit libre à l'Empereur d'accepter les conditions qui seront stipulées en sa faveur ou de les rejeter, ledit... fera entendre qu'on pourrait encore sur ce point satisfaire Sa Majesté catholique et disposer le Roi très chrétien à consentir au convertissement de la trêve en un traité de paix en lui laissant Philisbourg ; et, si l'on insistait sur le rasement de cette place, il pourrait à toute extrémité, et s'il voyait qu'il ne tînt plus qu'à cet article qu'il ne réussît entièrement dans sa négociation, y engager Sa Majesté ; et, enfin, si la place de Monts tenait si fort à cœur aux ministres d'Espagne qu'ils déclarassent ne vouloir entrer dans aucune négociation qu'ils ne fussent assurés d'y rentrer, ledit P. de la Blandinière leur pourra faire espérer qu'il ne serait pas impossible de trouver quelque expédient pour terminer ce différend.

Quant aux intérêts de l'Angleterre et de la Hollande, si le Conseil d'Espagne ouvre les yeux, il veoira bien qu'il doit tout appréhender de l'augmentation de la puissance du prince d'Orange, tant pour le Pays-Bas que pour les Indes Occidentales qu'il convoite évidemment, et dont il prétend bien se rendre maître aussitôt qu'il sera paisible possesseur des pays qu'il a usurpés plutôt par trahison que par la force ; mais, si, nonobstant toutes les raisons qui ont été dites, le Conseil d'Espagne s'opiniâtrait à vouloir aussi comprendre ou faire quelque mention dudit prince, on pourrait convenir que Sa Majesté très chrétienne et le roi catholique emploieront conjointement leurs plus pressants offices pour porter le roi d'Angleterre et ledit prince à quelque accommodement, et que, si l'on n'y pouvait pas réussir par tous les expédients et tempéraments qu'on pourra proposer pendant un an à commencer du jour de l'échange des ratifications du traité à faire, il sera libre, tant à Sa Majesté très chrétienne qu'à Sa Majesté catholique, de donner les secours que bon leur semblera tant par terre que par mer à l'une ou à l'autre des parties, sans que cette guerre auxiliaire puisse troubler l'amitié et la bonne intelligence qui doit être rétablie par ce traité entre la France et l'Espagne, qui continueront pendant le cours de cette même guerre à employer tous les moyens qui dépendront d'elles pour la faire cesser à la satisfaction commune des deux parties (1).

Sa Majesté veut bien confier aussi audit P. de la Blandinière les ordres qu'il *(sic)* a donnés le 5 août dernier au cardinal de Forbin touchant une négociation avec le cardinal de Salazar,

---

1. En marge de ce passage est écrit : « Deux choses à ajouter : 1° eschange des Pays-Bas, 2° affaire de la succession. » Toutefois, on n'a rien ajouté sur ces deux points, pas plus du reste que dans une seconde pièce, de la même année, et qui porte également le titre « d'Instruction au P. de la Blandinière. » — *Espagne*, t. 76, fol. 59-64.

et, comme il n'en a été fait aucune ouverture, Sa Majesté ne veut pas aussi que ledit P.de la Blandinière se serve des raisons que contient ce *Mémoire* instructif, à moins qu'il n'en trouve une occasion bien favorable (1). »

Ces instructions données à Blandinières restèrent, ou peu s'en faut, à l'état de lettre morte. Une relation transmise par lui à la Cour nous apprend seulement que le Révérend Père attendit à Alcala le résultat des démarches que le général de son Ordre crut devoir tenter, et tenta en effet à Madrid, dans l'intérêt de la pacification européenne. Le « général » réussit même à mettre en mouvement le confesseur de Sa Majesté catholique, qui, malheureusement, trouva Charles II « prévenu et gâté par les grandes espérances sur la protection du prince d'Orange. » Le confesseur eut beau revenir par trois fois à la charge. Le roi « avait toujours tenu ferme. » Le supérieur du P. Blandinières, dans cette conjoncture, n'eut plus qu'à lui glisser en douceur le charitable conseil de se retirer aussi discrètement que promptement (2). Nous perdons en effet sa trace en Espagne, dans la correspondance écrite, à Saragosse, dès la fin de l'hiver 1691-1692 (3).

Nous avons bien des preuves que ce ne fut pas là le dernier mot des tentatives faites par la France, tant à Rome qu'à Madrid, au nom du catholicisme, pour mettre un terme à une guerre presque impie. Au commencement de 1693, notamment, le cardinal de Janson-Forbin se préoccupa de nouveau des moyens d'utiliser les belles relations et la haute autorité du P. Cloche, ou, plus exactement, de son vicaire pour l'Espagne, le P. Gusman, qui n'était rien moins lui-même que frère naturel du duc de Medina Sidonia, gouverneur de la Catalogne. Il fallait bien d'ailleurs se servir d'un autre que lui, les ministres

---

1. *Espagne*, t. 76, fol. 52-58.

2. *Mémoire* sur le voyage du P. Blandinières en Espagne. — *Espagne*, t. 80, fol. 229-233.

3. Colbert-Croissy à Blandinières, 3 février 1692. — *Espagne*, t. 76, fol. 80-81.

de Charles II lui ayant refusé « la permission d'aller en Espagne et d'y assembler un Chapitre général. » Au sur-plus, le P. Gusman, par une raison diamétralement opposée, ne semblait pas devoir être pour la France un mauvais auxiliaire. Il attribuait aux Allemands le rappel dont il était menacé dans son pays d'origine, et, comme le séjour de Rome lui plaisait beaucoup, il était devenu l'ennemi, autant que peut l'être un disciple de saint Dominique, de nos propres ennemis. Janson-Forbin, qui le représente comme un homme très intelligent, estimait « qu'on pour-rait lui faire dire à Rome ce que Sa Majesté avait ré-solu qu'on dît au cardinal Salazar. » Le Roi loua fort le P. Cloche d'être revenu tout simplement dans son couvent de la métropole chrétienne, « où son séjour serait beaucoup plus utile à son Ordre et à son service » à lui, le Roi, qu'en aucun autre endroit. Mais l'ambassadeur revint à la charge et prit même une initiative assez hardie. Le P. Gusman, décidément rappelé, avait quitté Rome le dernier jour de février 1693. Janson-Forbin écrivit au P. Cloche, « qui devait le rencontrer sur sa route, de tâcher de lui insinuer, comme de lui-même, tout ce que Sa Majesté avait jugé à propos de faire confier au cardi-nal Salazar, afin qu'il travaillât avec les grands d'Espagne pour empêcher qu'on n'y appelât le fils de l'Empereur. » Les deux grands dignitaires de l'Ordre auquel apparte-tenait le droit de confesser les souverains d'Espagne se virent en effet à Viterbe. Ils échangèrent un chiffre et une adresse de convention. Le P. Gusman avait paru « fort bien disposé » à son supérieur (1). Le Roi approuva plei-nement tout ce qu'avait fait Janson-Forbin (2), mais sans rien prescrire de plus. Il se contenta de faire expédier un passeport au révérend voyageur.

Le Saint-Père, fort satisfait de sa réconciliation avec

---

1. Janson-Forbin au Roi, 13, 20 janvier, 10 février, 3, 10, 17 mars 1693. — *Rome*, t. 359, fol. 47-48, 75-76, 145-146, 196, 210, 225-227.

2. Le Roi à Janson-Forbin, 4, 30 mars et 8 avril 1693. — *Rome*, t. 359, fol. 156, 200, 232.

Louis XIV, ne laissa pas d'agir aussi en faveur de la paix à Madrid. Mais il n'y trouva, comme le P. Gusman sans doute, que des oreilles sourdes. « L'on écrit de Madrid, » manda Janson-Forbin le 28 avril 1693, « que les ministres du roi catholique ont fait connaître au nonce Caccia qu'il ne devait point lui parler sur le sujet de la paix, parce qu'elle ne pouvait être traitée que conjointement avec le prince d'Orange et les Hollandais (1). » Avant la fin de l'année cependant, nous voyons une nouvelle tentative, ébauchée au moins, par Croissy pour mettre derechef en branle, non pas le P. Cloche, mais Blandinières, son heureux suppléant. Au commencement de septembre, le ministre lui adressa directement (2) le modèle d'une lettre qu'il pourrait écrire au général de son Ordre, pour lui demander la permission et les moyens de pénétrer en Espagne. La lettre était du reste empreinte de la plus entière franchise. Le passeport devait être sollicité, soit pour lui-même, soit pour un autre, afin d'agir auprès du connétable, du cardinal de Tolède et du duc de Montalte, qu'on savait à Versailles « détachés des espérances que le prince d'Orange leur avait données (3). » Nous ignorons si le passeport fut accordé ; il est probable qu'il ne le fut pas. Cette fidélité de la Cour de Madrid à ses alliances anti-catholiques ne découragea pas cependant complètement Louis XIV. Si nous en croyons le nonce accrédité à Lisbonne, Cornaro, quelques mois plus tard, il faisait encore soumettre à Charles II des projets d'entente, mais en employant cette fois l'entremise de ministres étrangers en résidence à Paris. Une fois de plus, le Conseil d'État espagnol décida de s'en tenir aux stipulations de la ligue d'Augsbourg (4).

---

1. Janson-Forbin au Roi, 28 avril 1693. — *Rome*, t. 359, fol. 336.

2. Croissy à Blandinières, 7 septembre 1693.—*Espagne*, t. 76, fol. 145.

3. *Espagne*, t. 76, fol. 147-148.

4. « *Sono state di tutta stimazione le notizie che V. S. Illma si è servita darmi in ordine alle proposizioni di pace che la Francia, per mezzo del suo ambasciatore, haveva fatto costi partecipare ul Rè ; ondè io li dirò che S. M.*

Mentionnons, comme dernier exemple des efforts paci-
fiques d'Innocent XII, la correspondance en italien, et le
plus souvent en chiffres, qu'échangèrent, durant la seconde
moitié de 1694, l'évêque de Solsoña et le cardinal d'Estrées, alors à la Cour. L'évêque, lui, qui représentait
l'Espagne à Vienne, était arrivé à Madrid le 10 juin. Le
21, il eut une longue audience de Charles II, et, « le 23,
de son propre mouvement, Sa Majesté l'envoya chercher
et l'entretint en particulier. L'entretien fut long et essentiel ; le roi voulut que l'évêque de Solsoña le mît par écrit
et qu'il en dressât un « Mémoire ». Ce qu'il y justifia avant
tout, ce fut la conduite du Saint-Père, désireux plus que
personne d'une paix dont l'Espagne avait besoin comme
tout le reste de l'Europe. Les conseillers d'État, sauf
trois, l'*amirante*, Montalte et Monterey, reconnurent que
ce « Mémoire » était « convaincant (1). » Une note, pré-
parée à Versailles, le 11 août, pour d'Estrées, nous révèle
les principales données de la réponse qu'il dut écrire. Il
rappellerait tout d'abord, et comme point capital, les
anciennes propositions de Rébenac en 1689, propositions
qu'avait toujours maintenues la France. D'Estrées tente-
rait aussi une œuvre assez délicate : « ôter au roi d'Espagne les sinistres impressions qu'on lui a voulu donner des
prétendus desseins que le Roi pourrait avoir quelque jour
de l'obliger à se déclarer sur ce qui regarde sa succession ;
que Sa Majesté est bien éloignée d'avoir une telle pensée,
et qu'elle fera toujours voir qu'elle souhaite de tout son
cœur que, selon le cours de la nature, le roi d'Espagne
vive plus longtemps qu'aucun autre monarque qui règne

---

a chiamato una Giunta in sua presenza per diverse volte sopra un tal progetto di pace fatto partecipare ancora qui dalla Francia col mezzo de ministri stra-nieri residenti in Parigi, nella qual Giunta entrorno i tre tenenti generali, il cardinal di Toledo et il marchese di Mansera, e, por quanto si è inteso, si pubblica qui che le risoluzioni sono state in un volere aderire ad alcuna pro-posizione senza intervento e reciproca convenienza di tutti i Collegati. » Operti à Cornaro, 4 février 1694. — *Archivio di Stato*, Turin, *mazzo* 36

1. L'évêque de Solsoña à d'Estrées, 20 juillet 1694. — *Espagne*, t. 76, fol. 189-194. V. la traduction, fol. 184-185.

aujourd'hui. » Un aveu sincère et formel servait de conclusion et résumait toute la politique de Louis XIV vis-
à-vis de son beau-frère : « Sa Majesté préférerait une
bonne paix par la secrète interposition des offices du
Pape à tous les avantages qu'elle peut espérer ou envisa-
ger dans la continuation de la guerre (1). »

Le cardinal écrivit à Madrid le 15 août (2), et d'une
manière assez satisfaisante pour que, le 2 septembre,
l'évêque lui indiquât les quatre bases principales sur lesquelles on pourrait chercher à s'entendre grâce à l'entremise du Vatican. Mais il importait que le Roi y fît donner
au plus tôt l'assurance de son adhésion à ces quatre
articles. Le premier de tous était l'engagement à prendre
par Louis XIV de ne pas réclamer une déclaration quel-
conque du roi d'Espagne relativement à sa succession (3).
D'Estrées, de Fontainebleau, lui répondit, le 10 octobre,
très brièvement, et assez sèchement, qu'il ne voyait pas
que jusqu'à présent la Cour d'Espagne prît aucune des
mesures qui pouvaient conduire à la paix. Quant aux
quatre articles, le moment n'était pas venu de les discuter.
Il convenait de ne les mettre sur le tapis qu'avec tous les
autres, et en présence d'un projet précis de traité (4).

---

1. *Espagne*, t. 76, fol. 186-188.

2. D'Estrées à l'évêque de Solsoña, 15 août 1694. — *Espagne*, t. 76, fol. 200-203.

3. « *Preme infinito che il re di Francia faccia intendere al Papa che puo le impegnarsi per li seguenti punti : 1° Che il Re s'impegnerà à non preten-dere dal re di Spagna nessuna dichiaratione circa la successione durante la vita del re di Spagna; 2° Che, se qui si vuole pace particolare, la darà con qualche vantaggio, e si contenterà che si tenga secre'a, si qui si stimarà necessario usque ad tempus ; 3° Che darà anche la pace generale con condi-tioni discrete ; 4° Che vuole veramente la pace, ma non la vorra mai fuor che honorata. Questo importa che subito, subito si faccia intendere al Papa, affin che possi prontamente farlo intendere à Solsoña, perche con questo im-pasto (?) da per fermo che il re di Spagna entri in trattato con il Papa con mezzo di Solsoña, e questa è la grande operatione che hoggi ha facto Solsoña con il re di Spagna con mirabile effecto, e hoggi a otto la scrivera al Papa.* »
L'évêque de Solsoña à d'Estrées, 2 septembre 1694. — *Espagne*, t. 76, fol. 216-217. Le traducteur a lu *guerra* au lieu de *vorra* ; mais les chiffres 24, 18, 21, 21, 5, donnent parfaitement *vorra*.

4. « *Questi quattro punti circa i quali lei preventivamente chiede la chia-rezza hanno de discutersi quando s'entrasse in un formale trattato, all' ora*

Malgré la prolongation inopinée du séjour de l'évêque à
Madrid, le peu d'empressement recommandé à d'Estrées
fit évanouir les espérances à peine conçues. Au surplus,
le Conseil d'État, après avoir délibéré sous les yeux de
Charles II, n'avait guère montré plus de confiance ou de
dispositions favorables. *A priori*, la négociation avait été
repoussée, comme fondée sur de simples conjectures (1).
L'Empereur et le prince d'Orange, ajoutait l'évêque de
Solsoña pour clore cet incident diplomatique, « passent
ici pour les Atlas qui supportent cette Couronne chance-
lante (2). »

II.

Louis XIV n'avait donc pas mieux réussi à s'entendre
avec l'Espagne qu'avec l'Empereur. La maison de Habsbourg demeurait bien décidément indivisible. Il devait
être plus heureux à Turin. L'appât, dont il disposait pour
détacher la maison de Savoye de la coalition, n'était pas
d'abord la promesse de lui céder les places que la France
détenait au-delà des Alpes, c'était avant tout l'encouragement donné aux visées piémontaises sur le Milanais. A
vrai dire, Victor-Amédée, ou, plus brièvement, Victor-
Amé, rêvait souvent, ainsi que la plupart de ses prédécesseurs, à ses moments perdus, de la succession d'Espagne
tout entière. Ce rêve persistait chez les divers membres
de la dynastie, depuis que Charles-Emmanuel, en 1585,
avait épousé Catherine d'Autriche, fille de Philippe II.
Charles-Emmanuel avait même, à cette intention, envoyé
son second fils, Philibert, à Madrid, afin de s'y façonner
de bonne heure l'esprit et le corps aux habitudes espa-

---

che si potrebbe parlare di questi e di tutti gli altri. » D'Estrées à l'évêque de
Solsoña, 10 octobre 1694. — *Espagne*, t. 76, fol. 228.

1. « *Come fondato solo sopra congetture e speranze questo progetto non si
stimo degno di farci fundamento.* » — *Espagne*, t. 76, fol. 220.

2. « *Atlanti di questa cadente Corona.* » — L'évêque de Solsoña à d'Estrées, 11 novembre 1694. — *Espagne*, t. 76, fol. 218-225. V. la traduction,
fol. 230-233.

gnoles. Toutefois, subsidiairement, ce prince semblait disposé, au moins en 1609, à se ranger du côté de la France, pourvu qu'elle lui procurât le Milanais et Gênes. Dans cette hypothèse, Philibert se serait contenté de devenir modestement duc de Chartres (1). Mais, à tout prendre, la passion du Milanais, que Louis XI, encore simple Dauphin, dès 1446, avait encouragée par un véritable traité (2), à laquelle Henri IV lui-même avait accordé son assentiment, au moyen d'une convention signée à Bruxelles, le 25 avril 1610, avec Charles-Emmanuel, cette passion, dis-je, semblait beaucoup plus facile à satisfaire. Aussi, bien que les droits généraux, mais très éventuels, de la maison de Savoye eussent été reconnus par le testament de Philippe IV, il convient de n'accorder qu'une confiance médiocre à Saint-Simon, lorsqu'il raconte que Victor-Amédée avait fait confectionner à l'usage de son jeune fils un « Manuel du bon roi d'Espagne (3). » Il peut bien avoir déclaré « à un sénateur de Milan, qu'il croyait de ses amis, que, si le roi d'Espagne venait à mourir, il prétendait avoir part au gâteau, et qu'il se sentait la tête assez forte pour porter une Couronne royale (4) ; » mais la fameuse Couronne de fer se trouvait être précisément un apanage de la Lombardie, et les expressions mêmes de Victor-Amédée marquent, à notre sens, que cette royauté partielle constituait le *desideratum* par excellence de la maison de Savoye, à une époque où il existait, tant à Vienne qu'à Paris, des héritiers beaucoup plus rapprochés.

Quoi qu'il en soit, Louis XIV n'eut pas besoin cette fois de risquer des avances, auxquelles d'ailleurs il était peu enclin pendant la première moitié de sa majestueuse carrière. N'oublions pas qu'il comptait d'utiles alliés

---

1. Fontenay-Mareuil, *Mémoires*, éd. Petitot, t. 1, p. 29.

2. De Mandrot, *Un projet de partage du Milanais en 1446.* — *Bibliothèque de l'École des Chartes*, t. 44, année 1883, p. 179-191.

3. T. 2, p. 444. Ed. Chéruel.

4. De la Haye au Roi, 12 octobre 1697. — *Venise*, t. 122, fol. 248.

auprès de Victor-Amédée, alliés que la nature ou la politique lui avaient donnés : d'abord, la femme elle-même du
duc, « Madame Royale, » fille de « Monsieur », sa nièce
par conséquent ; d'autre part, Innocent XII, qui, tout en
agissant en Espagne au profit de la paix, s'était évertué
également à la conseiller avec beaucoup d'empressement
au duc de Savoye. Son mobile était le même. Non seulement il commençait à paraître que Louis XIV resterait le
plus fort, mais, en outre, Louis XIV venait de lui sacrifier, avec Avignon, les quatre libertés dites gallicanes
qu'avait proclamées l'assemblée du clergé en 1682. Au
surplus, l'intérêt de l'Italie ne paraît pas avoir moins
touché le Saint-Père que celui de son pouvoir spirituel,
et il avait réussi à associer la République de Venise à
certains de ses plans relatifs à sa patrie.

Aussi, vers le mois de décembre 1691, à l'époque où
M. de Rébenac partit de France avec ordre d'aller, depuis
Turin jusqu'à Rome, essayer de constituer entre tous les
États une ligue de neutralité et de protection mutuelle (1),
un avocat de Pignerol, nommé Peracchino, s'aboucha, de
la part de l'aumônier du duc, avec le gouverneur français,
M. Broully d'Herleville (2). Des lettres, chiffrées d'un
bout à l'autre, furent également échangées durant ce
mois, entre Rébenac et M. de Saint-Thomas, le premier
ministre de Victor-Amédée (3). Le Roi enfin, le 27 du
même mois, après la prise de Montmélian, fit préparer
des pouvoirs en blanc pour traiter avec le vaincu (4).
Toutefois, c'est seulement au début de 1692 que nous
retrouvons la trace de pourparlers sérieux. Chamlay, à ce
moment, vint à Pignerol, cette espèce d'observatoire stra-
tégique et politique dont la monarchie française avait

---

1. V. diverses pièces relatives à cette mission dans *Rome*, t. 342, non
folioté, t. 348, fol. 209-227, et t. 352, Janson-Forbin au Roi, 5, 23 et 29
janvier 1692.

2. Carutti, *Storia della diplomazia della Corte di Savoia*, t. 3, p. 210.

3. *Turin*, t. 94, non folioté.

4. *Turin*, t. 94.

tiré jusque-là un si bon parti au-delà des monts. Il était porteur d'une lettre de Louis XIV pour le duc, écrite en vue de rétablir entre les deux Cours les bons rapports d'autrefois. Le duc fit répondre à Chamlay par Saint-Thomas que ses devoirs de belligérant ne lui permettaient pas d'entretenir une correspondance avec le souverain de la France, mais que, si, lui, Chamlay, désirait échanger quelques idées avec lui-même, Saint-Thomas, on lui enverrait un homme de confiance. Chamlay répondit sans doute favorablement à la lettre datée de Coni le 21 janvier et qui lui fut remise le 23 à Pignerol. Il ne tarda pas à voir se présenter devant lui un « général des finances » piémontais, J.-B. Groppello, qu'il qualifie « bailli de Veillane et auditeur de guerre de Son Altesse Royale. »

Les conditions qu'offrait le Roi pouvaient passer pour très acceptables. Victor-Amédée rentrerait immédiatement en possession de tous ceux de ses États dont la France avait réussi à s'emparer. Néanmoins il attendrait jusqu'à la fin de la présente guerre la remise de Nice, Villefranche-sur-Mer, Montmélian, Suse et Casal, que des troupes suisses et vénitiennes occuperaient jusque-là « sur la foi d'un dépôt public ». Le Pape et les autres puissances italiennes en garantiraient d'ailleurs la restitution finale. Victor-Amédée devait, par surcroît, devenir en Italie généralissime des forces françaises, et Chamlay, anticipant sur la succession d'Espagne, avait même fait entrevoir le cadeau du Milanais qu'abandonnerait le Dauphin, s'il devenait jamais héritier (1). Sur de pareilles bases, la réconciliation semblait facile. Mais Victor-Amédée ne put se dispenser de les communiquer tant à Léopold qu'à Guillaume, et la pression qui s'exerça sur lui des deux côtés à la fois le décida à repousser des propositions en vérité fort attrayantes. « Le duc de Savoye, » écrivit Guillaume à Heinsius, le 5 février 1692, « a refusé très résolûment les offres que la France lui fit par l'entremise du

____

1. Carutti, t. 3, p. 212.

Pape, et l'Empereur a répondu sur le même ton au bref du Pontife, par lequel il l'exhortait à la paix (1). » On voit que ce n'était pas Chamlay seul qui avait été porter au duc des paroles de paix.

Louis XIV ne se laissa pas tout à fait rebuter par ce premier échec. Il écrivit le 3 février à Chamlay qu'il persistait à ne point vouloir se dessaisir de Montmélian, Suse, Nice et Villefranche, « sans avoir une pleine et entière sûreté de la conduite que le duc de Savoye tiendrait dans tout le cours de cette guerre. » Il offrait toujours en revanche « de les remettre au pouvoir du Pape, de la République de Venise et des cantons » jusqu'à la paix générale. Il consentait même à en payer les garnisons. En terminant cependant, il laissait percer une clairvoyance un peu pessimiste. « Il paraît, » disait-il, « par toutes les lettres que vous en avez reçues (de Saint-Thomas), que le but de cette Cour est de tirer de vous entière connaissance de tout ce que je vous ai donné pouvoir d'accorder (2). » Force fut bientôt à Chamlay de confesser l'entière vérité. « Le sieur Gruppel, » manda-t-il le 20, « m'apporta avant-hier une lettre de M. de Saint-Thomas, qui contient en substance tout ce qu'il a dit dans ses précédentes... Il conclut à la remise présente des places, « à ce que le Roi ne peut ni en honneur ni en conscience faire raser les places de Son Altesse Royale, et qu'en cas que Sa Majesté les fasse démolir, les moyens humains et la justice de Dieu leur fourniront des dédommagements. Vous voyez bien que nous voici à peu près aussi avancés que le premier jour (3). » Après ces menaces, on comprend que Chamlay ait écrit quatre jours plus tard, en expédiant à Barbezieux une dernière lettre de Saint-Thomas : « Il n'y a voie à aucun accommodement (4). » Chamlay, en conséquence, reprit le chemin de Paris tout

---

1. Carutti, t. 3, p. 213, note 1.
2. Le Roi à Chamlay, 3 février 1692. — *Turin*, t. 94.
3. Chamlay à Barbezieux, 20 février 1692. — *Turin*, t. 94.
4. Chamlay à Barbezieux, 24 février 1692. — *Turin*, t. 94.

à fait à la fin du mois, et il est permis de supposer que le duc avait moins entretenu ses alliés de ces conférences que des démarches pontificales.

En dépit de la « résolution » dont il avait fait preuve et qu'avait admirée Guillaume d'Orange, Victor-Amédée réfléchit beaucoup durant cette année, à la suite des beaux succès de la France devant Namur et à Steenkerque, à la suite surtout de la perte qu'il venait de faire d'Embrun et du soulèvement des Dauphinois contre ses troupes. Aussi, juste un an plus tard, en février 1693, Tessé, qui venait d'être envoyé à Pignerol, ne tarda pas à y recevoir la visite de Groppello. Aucun résultat n'ayant été obtenu dans cette première entrevue, Groppello revint, toujours on ne peut plus secrètement, vers le milieu d'avril, et s'appliqua à bien mettre hors de doute le désir sincère qu'avait son maître de poursuivre la négociation. Le Saint-Père, raconta-t-il, « avait passé de grands offices auprès de M. de Savoye pour le porter à la paix d'Italie. » En somme, conclut-il, « M. de Savoye offre de renoncer aux alliances qu'il a avec les ennemis du Roi ; il propose de demeurer dans une véritable neutralité, soit qu'il puisse disposer les Espagnols et les Impériaux à l'accepter pour l'Italie, soit qu'il ne le puisse pas. En ce dernier cas, il promet de favoriser dans ses États le passage des troupes que le Roi voudrait envoyer à Casal, de les assister de vivres et de fourrages, etc. Ce qu'il demande à Sa Majesté est la restitution entière des pays et des places que ses armes ont occupés. » Il offrait, du reste, comme otages, soit le fils unique du prince de Carignan, soit, à la rigueur, le prince lui-même, plus l'aînée de ses propres filles. A la vérité, il ne pensait pas lui infliger la torture d'un exil bien pénible, Groppello ayant insinué sans ambages son vœu « qu'elle fût élevée en France dans l'espérance de mariage avec Mgr le duc de Bourgogne (1). »

Louis XIV se maintint strictement sur le même terrain que l'année précédente. Il chargea Tessé de faire témoi-

---

1. « Mémoire » du 20 avril 1693. — *Turin*, t. 94.

gner au duc « la disposition où il était de lui rendre son amitié, et la satisfaction avec laquelle il voyait le désir qu'il faisait paraître pour y rentrer; qu'il accordait volontiers la neutralité dans laquelle il témoignait vouloir vivre à l'avenir, et qu'il ne demandait point d'autre sûreté que sa parole, si elle dépendait entièrement de lui ; mais, parce qu'il n'était pas en état de disposer des Espagnols et des Impériaux, et que, bien qu'il demeurât neutre, ils pourraient continuer la guerre contre la France, Sa Majesté ne pouvait, sans s'exposer à un trop grand péril, se dessaisir de Suse, de Nice et de Villefranche, qui forment l'entrée de ses frontières. » Elle admettait toujours, en revanche, que ces places fussent confiées provisoirement au Pape et aux Suisses. Elle s'obligerait même à en payer les garnisons. Elle consentait, par-dessus le marché, en considération de la détresse du duc de Savoye et de ses États, à lui verser un subside annuel de six cent, voire de huit cent mille écus par année (1). Ce plan, malgré ce qu'il avait de séduisant, n'en fut pas moins communiqué encore, par conséquent rejeté, et une nouvelle tentative de Groppello à Pignerol le 30 mai n'eut pas un meilleur succès (2).

Mais, le 7 octobre suivant, fut livrée la bataille de la Marsaille, sanglant et décisif triomphe pour la France, malgré l'acharnement des religionnaires (3). Victor-Amédée réfléchit de nouveau, ce qui le conduisit à renouer les pourparlers avec le vainqueur. Il n'avait pas d'autres moyens désormais de rentrer dans Pignerol, sous les murs duquel il venait de faire battre malencontreusement ses alliés. D'ailleurs, il n'était pas sans avoir eu vent des lettres mystérieuses qui commençaient à courir en Hol-

---

1. « Mémoire » du 20 avril 1693. — *Turin*, t. 94.

2. Carutti, t. 3, p. 217-218.

3. « Les régiments religionnaires ont extrêmement perdu et ont été presque détruits. » Rapport de Catinat, 7 octobre 1693.— « M. de Schomberg, blessé à mort, était à la tête des religionnaires, qui se sont mieux défendus que les autres troupes. » Autre rapport, camp de Piosac, 7 octobre 1693. — *Turin*, t. 94.

lande. Saint-Thomas, sur l'ordre de son maître, invita
donc Tessé à se rendre aussi furtivement que possible à
Turin. Tessé, à qui les aventures amusantes ne déplai-
saient pas, endossa aussitôt un déguisement de postillon
pour s'y rendre, le 30 novembre. « Il fut introduit dans
le palais par une porte dérobée, y resta caché pendant
six jours et eut plusieurs conférences tant avec le duc
qu'avec M. de Saint-Thomas (1). » Ce ministre s'étendit
à la fois en récriminations contre M. de Rébenac, qu'il
accusait d'avoir jadis tout perdu par sa hauteur, et en
protestations fort humbles de la part de son maître. « Il
résulta de la négociation de M. de Tessé une convention
conditionnelle, par laquelle le duc de Savoye s'engageait
à agir conjointement avec le Roi contre la maison d'Autriche, si elle refusait de consentir à la neutralité de
l'Italie, mais il ne voulut jamais entendre au sequestre
des places du comté de Nice (2). » Malgré tout, les
entretiens aboutirent à deux « projets de traité arrêtés
avec le duc, l'un écrit de la main du secrétaire de ce
prince, qui demeura à M. de Tessé, l'autre, de la main de
M. de Tessé, qui demeura à M. de Savoye, l'un et l'autre
non signés comme demandant encore l'agrément du Roi,
mais accompagnés des serments les plus solennels de
M. de Savoye qu'il accomplirait ses promesses, ayant
même juré en frappant dans la main de M. de Tessé
sa foi et parole d'homme d'honneur et de prince que, s'il
y manquait, il voulait passer pour un fripon et un chien ;
c'étaient ses termes (3). »

Revenu à Pignerol le 6 décembre, Tessé, sur l'avis de
Catinat, ne tarda pas à prendre le chemin de Versailles.
Il y reçut bientôt un projet de traité en règle, dont nous
passerons les clauses destinées à devenir publiques, pour
nous en tenir à celles qui devaient rester secrètes. Elles
étaient ainsi conçues : « En cas que l'Empereur et le roi

---

1. *Mémoires et lettres du maréchal de Tessé*, t. I, p. 50-51.
2. *Mémoires et lettres de Tessé*, t. I, p. 54.
3. « Mémoire » du 18 décembre 1693. — *Turin*, t. 94.

d'Espagne refusent de consentir à la paix et à la neutralité de l'Italie, M. de Savoye promet de joindre ses forces à celles de Sa Majesté pour les y contraindre. Il sera déclaré généralissime des armées de Sa Majesté au-delà des monts. Il partagera avec elle les conquêtes qui se pourraient faire dans le Milanais, et, en cas que le roi d'Espagne mourût durant cette guerre, le Roi renoncerait en faveur de M. le duc de Savoye à la succession de l'État de Milan (1). » Il y avait là de quoi séduire légitimement Victor-Amédée et fixer enfin son irrésolution. Mais il avait derechef prévenu, à double fin, l'Empereur et le roi d'Angleterre. Toute l'éloquence de l'abbé Grimani, envoyé à Vienne, avait échoué, il est vrai, devant les habitudes dilatoires du Conseil aulique, surtout en ce qui concernait le mariage de la princesse de Piémont avec le roi des Romains. Sur ce point l'abbé, au bout de plusieurs mois, n'était pas plus avancé que le premier jour. Quant à Guillaume, il s'était écrié que, si Victor-Amédée rompait avec la Ligue, tout était perdu, et qu'il n'y avait plus qu'à le prier de faire la paix générale en son nom (2). Le duc, toujours perplexe, essaya de se tirer d'affaire avec Tessé, en lui promettant de maintenir le *statu quo* en Italie, grâce à son pouvoir discrétionnaire de général en chef. Tessé, au contraire, voulait obtenir de lui un engagement écrit. Victor-Amédée se garda bien de déférer à sa demande (3), mais, à tout prendre, la campagne de 1694 n'amena aucun changement important au sud-est des Alpes.

De plus en plus cependant, Victor-Amédée était mécontent, et à juste titre, de la Cour de Vienne. Non seulement on y refusait la main de sa fille, mais on ne voulait pas y renoncer aux prétentions féodales de l'Em-

---

1. *Turin*, t. 94. « Mémoire » du 18 décembre 1693. On trouvera à la suite les projets entiers du traité qui avaient été remis à Tessé, avec d'abondants commentaires ou variantes.

2. Carutti, t. 3, p. 219-220.

3. Carutti, t. 3, p. 221.

pire, renouvelées depuis 1690, sur certaines places du nord de l'Italie. Pour comble d'affronts, les délégués des puissances étrangères, et on en compta jusqu'à dix cette même année, parmi lesquels un amiral anglais (1), prétendaient diriger, et dirigeaient de fait, en grande partie du moins, les opérations militaires. Le sans-gêne des Autrichiens allait si loin vis-à-vis du duc que Caprara se mêlait de surveiller presque ostensiblement ses faits et gestes personnels. A la fin de l'année, Victor-Amédée avait pris fort mal cet espionnage outrageant. « Avez-vous remarqué, » dit-il un jour à deux de ses familiers, « comme ce vieux b... m'a parlé insolemment ? Je lui apprendrai, à son lipard *(sic)* de maître, que je suis souverain, et je vous promets, Messieurs, que je ferai ma paix avec la France. » Le jour de la Saint-François, il dit aussi à sa fille qui revenait de l'église : « Avez-vous bien prié Dieu ? Redoublez vos prières, car je travaille à vous faire reine de France (2). » Un incident nouveau ne tarda guère à peser sur son indécision et à la faire mûrir pour la transformer en résolution, je veux parler du désastre qu'une tempête fit essuyer à la flotte anglo-hollandaise dans les eaux de Gibraltar le 4 mars. Aussitôt la nouvelle reçue, Victor-Amédée « fit appeler un Conseil dans lequel il ne fit entrer que ceux que nous savons, » écrivit Tessé, « désirer et lui conseiller la paix, et, le lendemain de ce Conseil, il partit plusieurs courriers pour Vienne, pour Madrid et pour l'Angleterre (3). » Une réunion analogue, et « secrète », eut lieu vers le milieu d'août, à l'issue de laquelle deux exprès furent encore dépêchés, mais cette fois, l'un à Venise, et l'autre à Rome. Tessé écrivit même à ce propos au cardinal de Janson, afin de tenir sa vigilance en éveil (4).

Notre spirituel et habile négociateur, qui suivait avec

---

1. Tessé à Barbezieux, 14 juillet 1694. — D. G., t. 1274, p. 82.
2. Tessé à Barbezieux, 31 janvier 1694. — D. G., t. 1272, p. 88.
3. Tessé à Barbezieux, 23 avril 1694. — D. G., t. 1272, p. 132.
4. Tessé à Barbezieux, 18 août 1694. — D. G., t. 1275, p. 67.

perspicacité le progrès du mécontentement de Victor-Amédée, pensait, en janvier 1695, qu'il pourrait y avoir lieu d'en profiter pour reprendre avec lui la conversation (1). Barbezieux s'y opposa de la part du Roi (2). Ce fut donc Victor-Amédée qui la reprit *motu proprio*, à la suite d'un nouveau déboire. Dès le début de l'année, il avait fait sonder l'Empereur et le roi d'Angleterre, afin de savoir s'il pouvait compter sur eux au sujet de Pignerol. Léopold l'avait renvoyé à Guillaume, qui, consulté par le comte de la Tour vers la fin de février, lui répondit sans lui laisser beaucoup d'espoir (3). Cette réponse négative devait être renouvelée dans les mêmes conditions, vers les derniers jours de mars (4). « A parler franchement, le roi d'Angleterre ne voyait pas que les alliés pussent forcer la France à la cession de Pignerol. » Le duc de Savoye n'avait plus par suite d'autre ressource que de chercher à obtenir Pignerol de la France elle-même. Mais, avant de régler cette question, il importait de décider du sort de Casal, occupé depuis 1681 par nos troupes et assiégé en ce moment par les alliés, qui paraissaient d'accord pour en raser les défenses et la transformer en ville ouverte. Le commissaire général de l'Empereur, Breiner, et le marquis de Leganez, au nom du roi d'Espagne, « avaient déjà promis et signé que l'on démolirait Casal après l'avoir pris (5). » Mais Victor-Amédée, en sa qualité de généralissime, et en vue d'obtenir Pignerol, était bien aise de se faire un mérite auprès de Louis XIV de ce qui pouvait passer pour un expédient propre à sauver une garnison française visiblement compromise.

Le 14 mars, Tessé reçut donc la visite nocturne d'un certain comte de Buriasco, dont le domaine se trouvait

1. Tessé à Barbezieux, 5 janvier 1695. — D. G., t. 1330, p. 2.

2. Tessé à Barbezieux, 30 janvier 1695 — D. G., t. 1330, p. 15.

3. De la Tour à Victor-Amédée, 25 février 1695. V. Carutti, t. 3, p. 224.

4. De la Tour à Victor-Amédée, 25 mars 1695. Cité par Carutti, t. 3, p. 224.

5. Tessé à Barbezieux, 6 mars 1695. — D. G., t. 1330, p. 35.

assez rapproché de Pignerol. « Il me dit, » rapporte Tessé, « que, M. de Savoye ne pouvant pas s'empêcher de faire le siège de Casal, Son Altesse l'envoyait pour voir si je ne savais point quelque expédient pour sauver cette place. » Sauver la place, dans la bouche du duc, signifiait l'empêcher de tomber entre les mains des Impériaux et du duc de Mantoue, qui la réclamait avec impatience comme son bien. Tessé lui « répondit froidement que la possession de Casal importait plus à son maître qu'au Roi, et que, s'il n'avait que cela à lui dire, il eût pu ne pas se donner la peine de lui venir parler. » Le hobereau piémontais se retira, mais, le lendemain, Groppello se présenta en habit de paysan, et se mit à discourir avec loquacité devant Tessé sur les embarras d'esprit de son maître. « Son Altesse ne savait plus de quel côté se tourner ; il n'avait pas échappé à la pénétration du Roi que son obstination seule avait soutenu Casal, depuis deux ans qu'il ne pouvait plus reculer cette entreprise ; l'Empereur avait cité M. de Mantoue au banc de l'empire, afin de lui donner moyen d'ordonner à ses sujets de la ville de Casal de prendre les armes contre la garnison ; lui, M. de Savoye, après avoir épuisé tous les délais et toute l'habileté dont il pouvait être capable pour éluder la chute de cette place, partirait samedi prochain 19 pour se rendre au siège ; le prince Eugène y était, il y a deux jours, avec Ruvigny et tous les généraux de l'Empereur, etc.. » Pour conclure, Groppello exprima de la part de celui qui l'envoyait un vif désir, à savoir que les fortifications de Casal fussent démolies, ce qui, de toute évidence, en raison de sa situation géographique, le mettrait un jour ou l'autre à la merci de la maison de Savoye (1).

Quoique le duc eût fait offrir des otages pour sûreté de sa parole, le Roi refusa (2). Ce refus affligea Tessé. A son

---

1. Tessé à Barbezieux, 17 mars 1695, et Catinat au Roi, 17 mars 1695. — D. G., t. 1330, p. 39, et t. 1329, p. 39 *(sic)*.
2. Le Roi à Catinat, 24 mars 1695. — D. G., t. 1329, p. 43.

avis, il eût été préférable de consentir à la démolition. Il annonça à Barbezieux qu'il lui dépêcherait un exprès, pour peu que Groppello revînt lui proposer d'une manière bien précise « l'inaction » de son maître (1). Il prit même sur lui de ne transmettre qu'après Pâques le refus de Sa Majesté (2). Il n'avait pas tort de compter sur le retour de celui qu'il se complaisait à appeler le « petit négociateur. » Le 6 avril, l'émissaire de Victor-Amédée revint à Pignerol solliciter une nouvelle conférence (3), qui permit à Tessé d'envoyer à la Cour un très long rapport (4). La Cour lui réexpédia, en échange, des pouvoirs et des instructions. Le paquet lui parvint le 24 avril, et aussitôt les pourparlers reprirent. « Nous fûmes hier, » écrivit-il le 27, « enfermés depuis le matin jusqu'à minuit avec l'homme dont il est question, qui partit la nuit, et reviendra la nuit d'après-demain (5). » Le maréchal de Catinat résumait ainsi les conditions offertes : « M. le duc de Savoye a proposé que M. le marquis de Crenan, » c'était le gouverneur de Casal, « reçût un ordre de Votre Majesté de proposer la remise de Casal, moyennant sa démolition et autres conditions dont il serait convenu (6). » A quoi le Roi fit répondre le 30 avril : « Il me paraît que le duc de Savoye ne doit pas faire de difficulté à battre la première chamade, et faire la proposition au marquis de Crenan de se rendre, puisque ce ne sera pas une chose nouvelle, et que souvent l'on a sommé les gouverneurs de remettre leurs places au commencement d'un siège (7). » L'accord fut signé sur cette base le 29 avril (8).

Toutefois Casal ne tomba pas immédiatement aux mains des ennemis de la France. Dans un « Mémoire »

1. Tessé à Barbezieux, 30 mars 1695. — D. G., t. 1330, p. 41.
2. Tessé à Barbezieux, 1er avril 1695. — D. G., t. 1330, p. 42.
3. Tessé à Barbezieux, 6 avril 1695. — D. G., t. 1330, p. 44.
4. Tessé à Barbezieux, 8 avril 1695. — D. G., t. 1330, p. 46.
5. Tessé à Barbezieux, 27 avril 1695. — D. G., t. 1330, p. 59.
6. Catinat au Roi, 24 avril 1695. — D. G., t. 1329, p. 63.
7. Le Roi à Catinat, 30 avril 1695. — D. G., t. 1329, p. 66.
8. Catinat au Roi, 1er juillet 1695. — D. G., t. 1329, p. 104.

intéressant, Chamlay avait conseillé « d'ordonner à M. le
marquis de Crenan de ménager ses vivres et ceux des
habitants de Casal le plus qu'il pourrait, parce que..., pour
occuper et fatiguer d'autant plus les forces des Impériaux
et des Espagnols, il convenait de prolonger le blocus le
plus qu'il serait possible (1). » Quelque chose de cette
préoccupation dut passer dans les ordres que reçut Crenan
au commencement de juin (2). Aussi, lorsque le blocus
de la ville se fut transformé en siège, un certain intervalle
s'écoula entre les premiers travaux d'investissement, qui
avaient commencé le 17 juin, et la capitulation elle-même,
qui ne fut signée que le 11 juillet par Victor-Amédée,
le marquis de Leganez et Crenan (3). C'était seulement
le 9 que ce dernier, à six heures du matin, avait « fait un
appel » et envoyé le billet par lequel il devait demander
à capituler (4). L'article 6, ainsi qu'il avait été convenu à
l'avance, stipulait bien que la garnison française ne sor-
tirait de la place qu'après la démolition des fortifications (5).

Lorsque Louis XIV fut en possession du texte qu'on
avait signé, il s'en montra assez peu satisfait : « J'ai été
étonné de voir, » manda-t-il après en avoir pris connaissance, « que l'on n'y ait point porté que les armées ne
feront aucun acte d'hostilité pendant le reste de la campagne, quoique la lettre du duc de Savoye le porte expressément. » Barbezieux manda donc à Tessé qu'il eût à
faire ressouvenir Victor-Amédée de son engagement (6).
Il y avait là, en vérité, un léger oubli commis à Versailles.
En effet, dès le premier juillet, Catinat, faisant allusion
à la lettre en question, dont il avait envoyé au Roi la
copie le 2 mai, en même temps que le modèle de la capi-

---

1. « Mémoire » du 30 mai 1695. — D. G., t. 1329, p. 83.
2. Catinat au Roi, 12 juin 1695. — D. G., t. 1329, p. 92.
3. D. G., t. 1329, p. 113.
4. Crenan à Barbezieux, 12 juillet 1695. — D. G., t. 1329, p. 112.
5. D. G., t. 1329, p. 171 et 172.
6. Le Roi à Catinat, 18 juillet 1695. -- D. G., t. 1329, p. 119.

tulation, Catinat, dis-je, avait fait remarquer qu'après
l'abandon de Casal le duc « promettait seul que les armées,
pendant le reste de la campagne, ne formeraient aucune
entreprise ni irruption sur le pays de Sa Majesté, non
plus que les troupes de Sa Majesté sur le pays de M. de
Savoye. » Et le maréchal ajoutait : « Cette espèce de suspension est promise par écrit signé de ce prince ; jusqu'à
présent, on n'en avait jamais eu que des paroles, avec
refus de signer, ce qui était en altérer la force et la confiance que l'on aurait voulu y prendre (1). » Aussi, le 27
juillet, n'eut-il qu'un mot à dire pour justifier Crenan de
la rédaction qu'il avait acceptée et revêtue de son seing. La
suspension d'armes, écrivit-il, « est une obligation secrète
dans laquelle M. de Savoye s'est mis. » Il n'y avait donc
pas lieu de l'insérer dans un acte ostensible (2). L'original
de la lettre du duc était resté à Pignerol, de manière à
ne pouvoir être intercepté. Louis XIV, vers la fin d'octobre, en réclama l'envoi à Versailles. Tessé, non sans quelque scrupule, annonça en effet qu'il enverrait le petit
paquet cacheté qui la contenait (3). Mais, lorsque le Roi
sut que la restitution de la lettre avait été promise, il
s'empressa d'ordonner que cette restitution fût faite (4).
Quant à Crenan, il avait, dans le courant de septembre,
abandonné Casal avec ses troupes en bon ordre, mais
non pas sans avoir opéré préalablement la démolition
convenue.

Victor-Amédée n'avait pas, durant cet été, borné son
activité diplomatique à ses seules relations avec la France.
Il avait visé beaucoup plus haut que Casal et que Pignerol.
L'installation de l'Électeur de Bavière à Bruxelles ne
cessait de troubler son imagination. Puisque Max-Emmanuel, sous le titre de gouverneur, avait presque arraché

---

1. Catinat au Roi, 1ᵉʳ juillet 1695. — D. G., t. 1329, p. 104.
2. Catinat au Roi, 27 juillet 1695. — D. G., t. 1329, p. 126 et 127.
3. Tessé à Barbezieux, 26 et 28 octobre 1695. — D. G., t. 1330, p. 133
et 135.
4. Barbezieux à Catinat, 30 octobre 1695. — D. G., t. 1329, p. 198.

les Pays-Bas à la monarchie espagnole, il ne voyait pas pourquoi, lui, dont les aïeux avaient convoité la monarchie tout entière, n'en détacherait pas aussi, dès à présent, le Milanais, sous prétexte de le gouverner en bon voisin, surtout en excellent parent. A peine son entente avec Louis XIV avait-elle été conclue au sujet de Casal qu'au mois de mai il avait envoyé son fidèle Vernon à Madrid. A coup sûr, il n'avait pas perdu de temps. Son engagement vis-à-vis de la France datait du 29 avril. Les instructions de Vernon sont du 2 et du 18 du mois de mai. Vernon devait réclamer des ministres de Charles II, tant pour lui que pour ses successeurs, le gouvernement perpétuel du Milanais. Il alléguerait même comme argument le précédent de l'heureux Max-Emmanuel, et, au besoin, offrirait, à titre de garantie, trois citadelles piémontaises en dépôt. De plus, le futur gouverneur du Milanais s'engagerait à protéger par ses seules ressources jusqu'à la dernière des possessions espagnoles en Italie, voire le royaume de Naples. Cette clause eût suffi pour montrer l'inanité de la garantie offerte, puisqu'à ce compte il ne devait plus rester un soldat espagnol de Turin à Naples. Mais une autre phrase, presque naïve à force d'astuce, laissait lire clairement au fond des intentions du duc et de ses conseillers. Le but à poursuivre par Vernon était ainsi défini : « *Unire cosi strettamente li nostri Stati à quello di Milano, e questo con li nostri, che, non sendo, si puo dire, che una cosa stessa, li nostri vengano ad essere scudo e antemurale di quello, ed esso il sostegno ed appogio dei nostri (1).* » Le départ de Vernon semble avoir été retardé par des circonstances inconnues, car ce fut seulement le 18 juillet, de Casal même, que son maître lui témoigna qu'il avait appris par Leganez son arrivée à Alicante. Dans la même lettre il lui recommandait derechef « *le due negotii particolari che vi sono stati appogiati oltre a quello de subsidii c'ha dato motivo al vostro viag-*

---

1. Carutti, t. 3, p. 226.

gio (1). » D'où il résulte que le duc, en plus du Milanais, prétendait extorquer par la persuasion des subsides à la malheureuse Espagne. Vernon, du reste, ne réussit pas dans sa tentative, par trop audacieuse, et le maître de la Savoye n'eut décidément plus, pour espérer le Milanais comme pour obtenir Pignerol, d'autre parti à prendre que celui de s'adresser à la générosité en même temps qu'à la résignation de Louis XIV.

Le « petit négociateur » avait bien pris garde du reste de rompre ses relations avec Tessé. A plusieurs reprises, pendant le mois d'août, il lui avait écrit, pour hâter le « rasement », et, par suite, l'évacuation de Casal. Il l'avait même prié de lui faire remettre un chiffre particulier, afin de communiquer avec lui en toute sûreté (2). D'autre part, lorsque Son Altesse Royale eut jugé à propos de participer, soi-disant afin de mieux donner le change à ses alliés, au renouvellement de la Grande-Alliance, le 21 septembre 1695, elle fit écrire par Saint-Thomas à Tessé, pour lui expliquer les raisons de cette conduite assez étrange, en tout cas, imprévue (3). On voulut bien se contenter à Versailles des explications de Saint-Thomas, et l'hiver se passa sans incidents notables, jusqu'à ce que Victor-Amédée, dès les premiers mois de 1696, se décidât à reprendre la négociation, qui cette fois enfin allait aboutir.

Dans la nuit du 4 au 5 février, le « petit homme » arriva à Pignerol, après avoir sollicité de Tessé un rendez-vous, et passa toute la journée du 5 à discuter avec lui sur le vieux thème « des malheureux engagements où Son Altesse se trouvait avec la Ligue contre son inclination (4). » Finalement, il fut entendu qu'on reprendrait pour

---

1. *Archivio di Stato* de Turin, *Materie Politiche, Spagna, mazzo 5*. On trouvera dans ce portefeuille un assez grand nombre de pièces relatives à cette mission.

2. Tessé à Barbezieux, 7 et 31 août, 4 septembre 1695.—D. G., t. 1330, p. 81, 97 et 99.

3. Tessé à Barbezieux, 26 octobre 1695. — D· G., t. 1330, p. 133.

4. Tessé à Croissy, 6 février 1696. — *Turin*, t. 96, fol. 2-9.

base d'un traité les articles dont on était convenu à peu près deux ans auparavant, et Groppello, renonçant « à tourner davantage autour du pot, » assura que, moyennant Pignerol, son maître s'unirait volontiers à la France. Il ne refusa pas même en principe certaines compensations territoriales vers Nice, Barcelonnette ou la Savoye. A peine de retour auprès de Victor-Amédée, il se hâta, par surcroît, le 6 février, de confirmer les avances qu'il faites.

« Je vous dirai en quatre mots peu et bon. Que si le Roi veut la paix particulière d'Italie, vous pouvez compter sûrement qu'en remettant Pignerol, avec ce qui appartenait ci-devant de ses dépendances à la maison de Savoye, pour les frais et dommages de la guerre *(sic)*, et convenant d'un équivalent, soit d'un échange de peu de villages pour régler les limites, en manière que Son Altesse Royale puisse être plus en repos, Sa dite Altesse Royale s'unira d'une affection vive, sincère et respectueuse à Sa Majesté, et franchira nettement le pas, renonçant à toute alliance et engagements contraires (1). »

Dans l'Instruction délivrée à Tessé le 18 mars, pour faire suite à ces offres, Louis XIV, puisque tout désormais dépendait de Pignerol, se décida à en faire le douloureux sacrifice, ainsi que de la vallée de la Perosa, si laborieusement que la ville et la vallée eussent été acquises par Richelieu. Le désir du Roi, désir fort légitime, d'autant plus qu'on semblait à l'avance y déférer, était seulement de ne se défaire de cet avant-poste qu'en échange de quelque épave piémontaise placée en deçà des frontières naturelles de la France. Tessé avait donc ordre de demander successivement, comme compensation de Pignerol : 1º le comté et la ville de Nice, avec son château et le port de Villefranche; 2º la ville et le château de Nice, avec un espace équivalant à celui qui serait abandonné autour de Pignerol; 3º au lieu de Nice, la ville et la vallée de Barcelonnette; 4º la ville seule de Barcelonnette; 5º

---

1. Groppello à Tessé, 6 février 1696. — *Turin,* t. 96, fol. 10.

enfin, une étendue territoriale autour de Seyssel en Dauphiné égale à celle qu'on livrerait au-delà des Alpes. De plus, Victor-Amédée devrait déclarer « qu'il renonçait à toutes les Ligues, traités et associations, qu'il avait avec les ennemis de Sa Majesté; qu'il signait, dès à présent, un traité de Ligue offensive et défensive avec elle, non seulement pour établir la paix et la neutralité en Italie, mais aussi pour joindre ses armes avec celles de Sa Majesté, partout où elle le jugerait nécessaire pour parvenir à une paix générale (1). » Telle était la précieuse compensation que Louis XIV prétendait obtenir en promettant la restitution des États cisalpins occupés par ses armées et le don de Pignerol (2).

Malheureusement, ses illusions furent de courte durée. Lorsque Tessé, le 8, le 9 et le 10 avril, conféra de nouveau avec Groppello, il rencontra de sa part une telle résistance à toute idée de réciprocité en matière d'échange (3) qu'il dut conseiller au Roi de renoncer aux espérances que lui-même avait contribué à éveiller. Il y eut plus. A peine de retour à Turin, l'agent ducal manda à Tessé que Son Altesse Royale « souhaitait qu'il proposât à Sa Majesté l'échange, » c'est-à-dire le cadeau gratuit, de toutes les possessions françaises en Piémont « jusqu'au mont Genèvre. » « Le Roi, » remarquait-il effrontément, « tient par tant d'endroits Son Altesse Royale qu'il ne doit pas avoir de la peine à s'éloigner un peu plus de Turin. » Tessé se fâcha, et demanda à Versailles un supplément d'instructions. Il n'en envoya pas moins par le même courrier « les conditions convenues et arrêtées avec le sieur Groppello le 10 du présent mois, jour de leur séparation (4). »

Ce projet, formulé d'après les idées et sous les auspices du duc, prévoyait deux cas, fort différents. Le premier

---

1. *Turin*, t. 96, fol. 12-17.
2. Les pouvoirs délivrés à Tessé sont dans *Turin*, t. 95, fol. 17.
3. *Turin*, t. 96, fol. 39-40.
4. Tessé au Roi, 18 avril 1696. — *Turin*, t. 96, fol. 27-51.

était celui où les alliés de la Savoye accepteraient, à son exemple, la neutralité de l'Italie ; le second, celui où ils ne l'admettraient pas. Du reste, dans aucune des deux combinaisons, il n'était parlé de la moindre indemnité en territoire pour l'abandon bénévole des États occupés par les armées françaises ni pour la cession de Pignerol (1). En dépit de ce mauvais procédé, Louis XIV, le 25 avril, accorda à son mandataire le surcroît de latitude indispensable pour conclure (2). Mais le Roi avait beau se montrer fort large, et Tessé, fort vif, comme d'habitude, ses entretiens avec Groppello ne produisirent pas de résultat appréciable avant la fin de mai (3). Le 29 enfin, notre négociateur se vit en état d'adresser à sa Cour une « disposition d'articles arrêtés pour la paix d'Italie, » — « tels qu'ils ont été convenus entre Grupel et moi, » ajoutait Tessé en tête du premier feuillet de chaque cahier. Ce schéma diplomatique, toujours à double face, pour ainsi dire, continuait à prévoir et à régler séparément les deux cas qui pouvaient se présenter, d'abord, celui où l'Empire et l'Espagne admettraient la neutralité italienne (4), et, en second lieu, l'hypothèse contraire (5). Dans cette seconde hypothèse, à laquelle s'appliquait le « traité d'action, » le Roi, d'après l'article 12, tout en transmettant sur le champ la souveraineté et le domaine utile, en même temps que Suse et Pignerol, à Son Altesse Royale, aurait le droit, jusqu'à la fin de la guerre, d'entretenir des garnisons dans la citadelle de Nice, de Montalto, de Villefranche et de Saint - Os-pice. Louis XIV avait du reste, dès le 20 mai (6), déclaré qu'il préférait de beaucoup l'occupation de ces points

---

1. *Turin*, t. 96, fol. 56-63 et 65-69.

2. Le Roi à Tessé, 25 avril 1696. — *Turin*, t. 96, fol. 69-71.

3. Tessé au Roi, 18, 20, 25, 27 avril, 1er, 4, 9, 13, 16, 18, 23, 30 mai 1696. — *Turin*, t. 96, fol. 27-51, 72-79, 80-89, 91-93, 94-109, 116-120, 122-129, 132-136, 137-141, 148-150, 152-156, 159-167.

4. *Turin*, t. 96, fol. 168-175.

5. *Turin*, t. 96, fol. 176-182.

6. Le Roi à Tessé, 20 mai 1696. — *Turin*, t. 96, fol. 143.

stratégiques à celle de Montmélian et de Suse, que le duc s'obstinait à lui proposer. L'article 14 du « traité d'action » promettait à ce dernier l'appui de la France pour faire valoir ses prétentions sur le Milanais (1). Le texte définitif de cet article, après de légères retouches subies à Paris, se trouva ainsi rédigé :

« Qu'en cas que, pendant la présente guerre, la mort du roi d'Espagne arrivât sans enfants, Sa Majesté s'oblige d'aider de tout son pouvoir Son Altesse Royale pour lui faire acquérir le Milanais, et renonce par ce présent traité, audit cas de la mort du roi d'Espagne sans enfants, à toute prétention, par conquête ou autrement, sur le duché de Milan ; et que, si, du vivant dudit roi d'Espagne, l'on fait des conquêtes dans le Milanais, le Roi en cédera la possession à Son Altesse Royale ; bien entendu que Son Altesse Royale en donnera l'équivalent à Sa Majesté en Savoye, en cas qu'elle pût conquérir avec la protection et les assistances du Roi tout l'État de Milan, en sorte que le Roi remettra à Son Altesse Royale l'État de Milan, moyennant la Savoye tout entière, sans autre prétention de Sa Majesté à cet égard (2). »

Le reste du projet que Tessé avait envoyé à Versailles, en sollicitant la ratification, ou, plus exactement, l'approbation royale, ne souleva pas de difficulté sérieuse. Le duc promettait bien en effet « d'unir ses forces » au besoin avec celles de la France. Louis XIV ratifia donc dès le 4 juin (3). Mais Victor-Amédée, comme on l'a vu déjà, n'était jamais homme à se contenter de ce qu'on venait de lui accorder. A peine un ensemble d'exigences obtenu, son habitude invariable était d'en émettre aussitôt d'autres. Notre négociateur eut donc encore, selon sa propre expression, « un assaut » à soutenir. Il dut se rendre avec le plus grand mystère, coiffé « d'une vieille perruque bien noire de M. le maréchal de Catinat, » au quartier-général du duc, qui se lamenta tout d'abord de ce que « son sot

---

1. *Turin*, t. 96, fol. 180.
2. *Turin*, t. 95, fol. 50.
3. *Turin*, t. 96, fol. 22-23.

secrétaire » l'eût « obligé d'accepter Pignerol rasé. » Au fond, et Saint-Thomas finit par l'avouer, il était surtout impatient d'entrer dans Pignerol, fût-il rasé, le plus tôt possible, et non pas seulement à la fin de la guerre, « qui pouvait durer longtemps (1). » La difficulté s'aplanit pourtant, parce que Louis XIV voulut bien, tout en se réservant de faire démolir les défenses de Pignerol, promettre d'évacuer la place trois mois après l'échange des ratifications (2). Ainsi satisfait, Victor-Amédée approuva enfin le 29 juin les conditions arrêtées depuis un mois. Le traité, toutefois, ne devait être rendu public qu'à la fin de septembre, afin de laisser au potentat piémontais le temps nécessaire, soit pour obtenir de ses anciens alliés leur adhésion à la neutralité convenue, soit pour se dégager de leur parti le moins malhonnêtement possible. N'oublions pas que l'article 3 stipulait en principe le mariage de la fille aînée de Victor-Amédée avec le duc de Bourgogne, sans parler des honneurs royaux et du titre pompeux de généralissime.

Louis XIV ne signa qu'à regret (3) ; il signa pourtant sans hésitation. Il n'avait que ce moyen pour entamer enfin la coalition, et rendre le repos à son royaume épuisé (4). Au fond, Tessé lui-même ne savait trop quelle tournure prendrait finalement l'affaire : « En un mot comme en mille, » écrivait-il au cardinal Janson-Forbin, « le traité est signé. Mais il doit être secret jusqu'aux décisions de la Ligue qui voudra accorder la neutralité de

---

1. Tessé au Roi, 10 juin 1696. — *Turin*, t. 96, fol. 199-214.

2. Le Roi à Tessé, 20 juin 1696. — *Turin*, t. 96, fol. 227-230.

3. Le Roi à Tessé, 4 juin 1696. — *Turin*, t. 96, fol. 183.

4. M. H. Martin (t. 14, p. 217) se montre indigné de ce traité et, pour peu, crierait à la trahison. Nous ne rechercherons pas si, dans un refus de Louis XIV, le célèbre historien n'eût pas dénoncé à la postérité l'infatuation aveugle d'un monarque incapable de sacrifier son amour-propre à l'intérêt et aux prières de ses peuples. Mais il nous semble qu'en général il est périlleux pour un simple écrivain, fût-il républicain de naissance, d'apprécier équitablement ce qu'exigeait la situation politique à 150 ans de distance. Il nous semble surtout, comme à Tessé, que Pignerol dépassait les limites rationnelles de la France. V. Tessé au Roi, 18 avril 1696. — *Turin*, t. 96, fol. 28-29.

l'Italie, oui ou non. Si c'est le premier, voilà notre affaire finie. Si c'est le dernier, le duc de Savoye se joindra au Roi pour faire la guerre dans le Milanais. Ce que je vous mande est fort secret, quoique les alliés s'en défient (1). » La Ligue, décidément, se résigna à la neutralité, quoique Guillaume d'Orange, entre autres, n'eût pas d'abord dissimulé son irritation. Le traité du 29 juin fut donc enfin publié sous forme officielle à Turin le 29 ou le 30 août (2). L'article 1er donnait pleine et entière satisfaction à Louis XIV quant au concours éventuel de son nouvel allié. En effet, Son Altesse Royale y « renonçait et se départait entièrement de tout engagement pris et de tous traités faits avec l'Empereur, rois et princes, contenus sous le nom de la Ligue, » et, dans le cas où lesdits princes n'accorderaient pas la neutralité de l'Italie, « ladite Altesse Royale s'engageait avec le Roi à une Ligue offensive et défensive jusqu'à la paix générale. » Louis XIV accorda son approbation définitive et ostensible le 7 septembre (3). Le 15, on signa, toujours à Turin, le contrat de mariage de la future duchesse de Bourgogne (4), et, le 7 octobre, à Vigevano, l'Empereur et le roi d'Espagne conclurent avec le duc de Savoye le traité qui plaçait enfin la péninsule italienne en dehors du théâtre de la guerre (5). Le 10, la France, représentée par Catinat et Tessé, accéda à cette « suspension d'armes » partielle (6). Le 16 du même mois, Victor-Amédée, enchanté de sa politique, se prosterna derechef, la plume à la main, aux pieds de Louis XIV ; c'était la troisième fois depuis la fin de juin (7).

---

1. Tessé à Janson-Forbin, 28 juillet 1696. — *Turin*, t. 95, fol. 77.
2. *Turin*, t. 95, fol. 84-91.
3. *Turin*, t. 95, fol. 104.
4. *Turin*, t. 95, fol. 131-137.
5. *Turin*, t. 95, fol. 188-195.
6. *Turin*, t. 95, fol. 199-201.
7. On trouvera ses trois lettres autographes à l'*Appendice*.

III

Une autre campagne diplomatique avait, parallèlement à celle de Savoye, commencé depuis plusieurs années en Hollande pour détacher du même coup les États Généraux et le roi d'Angleterre de la coalition germanique, que maintenait l'aveugle opiniâtreté de Léopold, malgré ses mystérieuses intrigues en Suisse avec des émissaires français. Cette négociation hollandaise n'avait pas eu pour point de départ la mission donnée au baron d'Asfeld, afin de féliciter en Frise le nouveau gouverneur, le prince de Nassau,(1) mais bien «les assurances réitérées que le sieur Mollo, négociant à Amsterdam, avait souvent données par ses lettres des bonnes dispositions où les principaux de cette ville se trouvaient pour travailler à la paix (2). » François Mollo, ou Molo, d'origine italienne, résident pour le roi de Pologne auprès de M. M. les États, ajoutait que Guillaume d'Orange n'était pas moins désireux de poser les armes que ses anciens compatriotes. Durant l'été de 1694, de l'aveu des Hollandais, Mollo entreprit même le voyage de Paris, pour y confirmer de vive voix les assertions qu'il avait déjà prodiguées dans une correspondance où la prolixité allait de pair avec la régularité(3). Le secrétaire d'État, Colbert-Croissy, manifesta les meilleures intentions et promit par surcroît de réprimer la licence des pamphlets publiés en France contre Guillaume. Mollo ne quitta Paris qu'un peu après le 12 novembre (4). Déjà Maestricht avait été assigné pour lieu de rendez-vous aux émissaires des deux puis-

---

1. On trouvera son Instruction du 21 janvier 1694 dans *Hollande*, t. 160. — Ce fonds n'a pas encore été folioté, au moins à cette époque.

2. Instruction donnée à d'Harcourt, 24 avril 1695. — *Palatinat*, t. 17.

3. On la trouvera dans *Hollande*, t. 159. Il existe aussi d'autres lettres de Mollo, datées de juillet et d'août 1694, et écrites à Paris, dans *Het Archief van Heinsius*, 3 volumes, La Haye, Martin Nijhoff, 1867, 1874 et 1880. Nous ne pouvons malheureusement profiter que bien peu ici de ces nombreux et précieux documents. Il nous semble préférable d'en faire connaître le plus possible d'origine française, et encore inédits.

4. Mollo à Colbert-Croissy, 12 novembre 1694. — *Hollande*, t. 159.

sances. Les États Généraux, de plus, avaient choisi comme truchement le sieur Everhard van Weede, seigneur de Weede, Dykvelt, Rateles, etc., généralement connu sous le nom de sa seconde seigneurie, et considéré surtout comme l'un des principaux affidés du prince d'Orange. On le voit, la pensée de terminer la guerre au moyen d'une négociation était venue spontanément, et presque simultanément, au roi d'Angleterre et à l'Empereur. Par une autre coïncidence non moins remarquable, l'un et l'autre avaient estimé plus sage de ne pas se prévenir.

De son côté, Louis XIV désigna, pour prendre contact avec Dykvelt, deux hommes qui étaient loin d'être les premiers venus. L'un, M. de Harlay-Bonneuil, portait le titre de conseiller d'État, et se dissimula de son mieux sous le pseudonyme de M. de Saint-Germain. L'autre, M. de Callières, seigneur de la Roche-Chellay et de Gigny, affecta également de prendre le nom de ce dernier domaine. On leur délivra leurs instructions le 15 octobre (1). Le 27, ils arrivaient à Dinant (2), mais la Cour ne connut leur mission qu'au commencement de novembre (3). Leur première lettre quitta Maestricht le lendemain de la Toussaint. Le surlendemain, 4, ils avaient eu déjà deux conférences avec Dykvelt, bien qu'il eût confessé ne posséder aucun pouvoir. Il n'en réclama pas moins, et très vivement, d'abord Strasbourg au nom de l'Empereur, et cinq villes de « dédommagement » pour Luxembourg, mais surtout et par-dessus tout, dès le début, la reconnaissance immédiate de son maître comme roi d'Angleterre.

« Il (Dikvelt) est revenu ensuite sur le point de la paix générale, et a dit que, pour être générale, il fallait que tous les alliés y fussent compris, et principalement l'Angleterre ; qu'il y avait deux points à régler à cet égard : l'un était ce qui pouvait toucher les démêlés entre les deux Couronnes, l'autre était la

---

1. *Hollande*, t. 160.
2. *Hollande*, t. 159.
3. *Mémoires de Sourches*, 3 novembre 1694, t. 4, p. 398.

reconnaissance du roi Guillaume, et de quelle manière elle se fera.

Nous lui avons répondu que l'Angleterre devait être comprise dans la paix générale, mais que la conférence que nous tenions présentement avec lui ne devait pas commencer par les affaires d'Angleterre ; qu'elle avait été résolue principalement pour régler la barrière que M. M. les États Généraux croient nécessaire à leur sûreté, et qu'en cas que nous en convinssions avec lui nous pourrions parler ensuite des affaires de tous les autres alliés.

Il est revenu à nous dire sur le sujet de cette reconnaissance que, dans la conférence qu'il eut l'année passée à Bruxelles avec M. de Saint-Arnould, ledit sieur de Saint-Arnould ne lui avait fait aucune difficulté là-dessus, sinon qu'il y avait ajouté, comme de lui-même, par forme de conversation, qu'on pourrait régler les intérêts du roi Jacques et la succession à ce royaume en faveur du prince de Galles, et même en faveur du roi Jacques, en cas de vacance, et que lui, Dickfeld, était obligé de nous dire que le roi Guillaume ne recevrait aucune restriction ni condition touchant cette reconnaissance, qu'il désirait être pleine et entière.

Nous lui avons répété qu'il ne s'agissait point de cela présentement, et qu'afin de l'obliger à ne plus insister sur ce chapitre, dans lequel nous ne pouvions entrer, nous consentions qu'il nous déclarât que tout ce qui aurait été réglé entre nous serait nul et comme non avenu, si, après avoir ajusté les intérêts des autres alliés, nous ne pouvions convenir de ceux qui regardent l'Angleterre et le prince d'Orange (1). »

Dykvelt alla aussitôt porter cette réponse à Guillaume, et il suffit sans doute de ce qu'elle contenait d'un peu dilatoire pour faire prendre tout de suite aux conférences un tour de mauvais augure. Dykvelt affecta même de s'éclipser pendant un certain intervalle, comme pour laisser charitablement aux diplomates français tout le temps nécessaire aux réflexions sérieuses. Il n'en revint pas moins de lui-même le 13 à Maestricht, mais il n'y trouva pas ce qu'il y était venu chercher. M. M. de Harlay et de Callières lui répondirent en effet que, n'ayant pas

---

1. Les plénipotentiaires au Roi, 4 novembre 1694. — *Hollande*, t. 159.

sollicité de nouveaux ordres, il n'y avait pas lieu pour eux d'en attendre. L'arrivée de leur courrier, selon toute vraisemblance, ne les mettrait donc pas à même de faire des offres plus précises. La réplique de Dykvelt fut des moins gracieuses. Il leur fit porter par le commandant de la place, qui était son parent, un passeport de Guillaume, valable seulement pour une quinzaine à compter du 14, et avec cette « insinuation » que le roi d'Angleterre ne souhaitait pas, nonobstant les passeports déjà délivrés par lui, qu'ils restassent davantage (1). Dykvelt au surplus, dans l'entrevue, avait paru « tout changé », d'humeur fort bourrue et « haussant les épaules » (2).

Nos envoyés, pourtant, n'osant pas rompre trop brusquement, se décidèrent à prier Dykvelt de rester jusqu'à l'arrivée de leur courrier, dont ils firent déchiffrer en hâte le paquet. Déjà le Roi, dans un supplément d'Instruction du 11 novembre, avait offert, entre autres concessions, mais à la condition expresse que Tournai et Condé lui resteraient, Ypres avec toutes ses dépendances, le château de la Kenoque, ainsi que la ville et le château de Dinant, le tout dans son état actuel. Le 14, bien qu'en maintenant d'une manière absolue sa prétention sur Tournai, il avait confirmé l'abandon très net d'Ypres et de sa châtellenie pour équivalent de Luxembourg, et de Brisach pour Strasbourg. Mais, en dépit de l'aliment nouveau jeté dans la négociation par ces offres, qui semblèrent un moment la réveiller, et lui donner une physionomie plus heureuse, le départ de Guillaume pour l'Angleterre, lequel eut lieu avant le 26 du même mois, y mit un terme définitif.

---

1. *Hollande*, t. 159, *passim*.

2. C'est sans doute ce qui a donné lieu aux commérages suivants de Saint-Simon : « Ces Messieurs (les Hollandais) eurent même l'impudence de faire sentir à M. Harlay, dont la maigreur et la pâleur étaient extraordinaires, qu'ils le prenaient pour un échantillon de la réduction où se trouvait la France. Lui, sans se fâcher, répondit plaisamment que, s'ils voulaient lui donner le temps de faire venir sa femme, ils pourraient en concevoir une autre opinion de l'état de ce royaume. En effet, elle était extrêmement grosse et était très haute en couleur. Il fut assez brutalement congédié. » — T. I, p. 228.

M. M. de Harlay et de Callières, à la vérité, durent encore
prolonger leur séjour à Maestricht, à cause de leurs
passeports, en dépit de l'ordre qui leur avait été expédié
depuis longtemps pour leur retour. En somme, dès le
commencement de décembre, ils atteignirent Namur (1).
Le 10 février 1695, Croissy écrivait à Stockholm au secrétaire, ou résident, La Piquetière, que les conférences de
Maestricht avaient échoué définitivement, et « que le
meilleur parti qu'on pût prendre de toutes parts, c'était
de garder le silence, et d'étouffer cette affaire, comme si
elle n'était jamais advenue (2). »

Mais Mollo était indécourageable, quels que fussent
ses mobiles, car sa bonhomie obséquieuse fut soupçonnée
à plus d'une reprise. Il ne cessa d'accabler Callières d'une
correspondance dont à peu près chaque courrier apportait
à Paris un échantillon. Callières ne manquait pas d'en
transmettre immédiatement le résumé, ou le texte, à
Croissy. Le 14 mars 1695, il répétait encore au ministre
que, d'après Mollo, ou plutôt d'après Boreel, la paix ne
tenait plus qu'à l'équivalent de Luxembourg. A la suite
d'autres lettres de Hollande provenant de la même source
et confirmant les mêmes assurances, Callières, le 18 mars,
fut autorisé à mander que le Roi consentait à de nouvelles conférences, pourvu qu'elles se tinssent, soit dans
une de ses propres places, soit à Spa. Le 24, on lui
répondit de La Haye que Mollo mettait à la disposition
des émissaires sa maison de campagne d'Overstickt, à
deux lieues d'Amsterdam, sur le canal qui relie cette ville
à Utrecht. La proposition fut acceptée (3), et Callières
partit pour Utrecht avec un plein pouvoir, des instructions
et un projet de traité, préparé le 2 juin 1695.

---

1. V. le « Mémoire » sur cette négociation contenu dans le t. 160 du
fonds *Hollande*.

2. *Suède*, t. 77, fol. 183. — Cf. Colbert-Croissy à La Piquetière, 17 février 1695, et le Roi à d'Avaux, 10 et 17 février 1695. — *Suède*, t. 77,
fol. 186, et t. 78, fol. 50 et 70.

3. V. les lettres de Callières à Croissy et de Mollo à Callières, dans
Hollande 162, *passim.*

« La guerre, qui se fait à présent entre la plus grande partie des princes de l'Europe, ne pouvant produire dans la suite des temps que la ruine et la désolation des autres États et pays,... Sa Majesté aurait (*sic*) donné pouvoir au sieur de Callières pour se rendre dans la ville d'Utrecht dont on serait (*sic*) convenu pour cette conférence, d'y entrer avec le sieur Dicfeld, muni du pouvoir des États Généraux, ou suffisamment autorisé, dans la discussion de tous les articles qui peuvent former une bonne paix, non seulement avec lesdits États Généraux, l'Espagne et l'Angleterre, mais aussi avec tous leurs alliés, et, en conséquence desdits pouvoirs, ledit sieur de Callières, pour Sa Majesté Très Chrétienne, et ledit sieur Dicfeld, pour les États Généraux, sont convenus des articles suivants :

Premièrement, que, pour ce qui regarde lesdits États Généraux, ils sont contents de l'offre faite de la part de Sa Majesté du rétablissement d'un libre commerce entre la France et les Provinces-Unies, sur le pied qui a été réglé par le traité de Nimègue, auquel Sa Majesté veut bien ajouter, en leur faveur seulement, l'exemption du droit de 50 sols par tonneau.

Secondement, que, pour l'intérêt qu'ils ont qu'il demeure au roi d'Espagne un nombre suffisant de places en Flandre pour leur ôter l'inquiétude que leur pourrait causer la puissance de Sa Majesté, ils sont pareillement satisfaits du consentement que Sa Majesté donne, à leur considération, à la restitution de Mons, Namur et Charleroi au roi d'Espagne, en l'état que ces places sont à présent, avec l'artillerie aux armes étrangères, ou le même nombre et grosseur qui se sont trouvés lors de la prise de ces places, et, généralement, de tout ce que les armes de Sa Majesté ont conquis en Catalogne, remettant la place de Belver au même état qu'elle était, lorsqu'elle fut prise par les armes de Sa Majesté.

Lesdits sieurs plénipotentiaires sont pareillement convenus que, pour l'équivalent de la ville et pays de Luxembourg, qui doivent demeurer à Sa Majesté, elle cédera au roi catholique Ypres avec sa châtellenie, Menin avec sa verge, le fort de la Quenoque, et qu'elle fera razer les fortifications de Furnes, la ville et sa dépendance demeurant à Sa Majesté, en la manière qu'elle lui a été cédée par le traité d'Aix-la-Chapelle.

Lesdits sieurs plénipotentiaires sont aussi demeurés d'accord que, pour ce qui regarde l'Angleterre, le commerce sera rétabli avec ce royaume, ainsi qu'il était avant la guerre, et que les Anglais restitueront ce qu'ils ont occupé dans les îles et dans le continent de l'Amérique pendant le cours de cette guerre, suivant le dénombrement que chacun desdits plénipotentiaires a signé.

Lesdits États Généraux s'obligent d'employer leur crédit et leurs offices les plus pressants et les plus efficaces auprès de leurs alliés pour leur faire agréer les conditions avantageuses que Sa Majesté veut bien accorder à leurs prières, ainsi qu'elles sont expliquées ci-après.

Et, si lesdits États n'y peuvent réussir dans le temps de six mois, pendant lesquels il y aura une suspension d'armes entre la France, l'Espagne, l'Angleterre et les Provinces-Unies, lesdits États Généraux n'assisteront plus les ennemis de la France par aucune autre voie que par une interposition amiable pour un bon accommodement.

Que, si ledit sieur Dicfeld aime mieux stipuler seulement qu'au refus que les alliés pourraient faire de conditions raisonnables, l'Angleterre et la Hollande rétabliront la paix et la bonne intelligence avec la France, et que, par conséquent, elles ne pourront assister directement ni indirectement les ennemis de Sa Majesté, ledit sieur de Callières pourra passer cet article ainsi qu'il est énoncé.

PROJET DE L'ARTICLE SECRET.

Ledit sieur Dicfeld ayant témoigné ne pouvoir entrer dans aucune proposition de paix, soit particulière, ou générale, s'il n'est assuré que M. le prince d'Orange sera reconnu en même temps par Sa Majesté Très Chrétienne en qualité de roi d'Angleterre, il a été convenu entre lesdits sieurs plénipotentiaires par cet article secret que le roi Très Chrétien reconnaîtra ledit prince d'Orange en qualité de roi d'Angleterre, soit qu'en conséquence de la présente convention, signée entre eux, la paix générale se puisse faire dans ledit temps de six mois, soit qu'au refus que les alliés pourraient faire de conditions raisonnables l'Angleterre et la Hollande fassent leur paix particulière aux conditions ci-dessus dites et disposent les Espagnols à les exécuter, et qu'au refus du roi catholique ils donnent à Sa Majesté Très Chrétienne les sûretés et garanties suffisantes, sans quoi ladite obligation de reconnaître ledit prince d'Orange en qualité de roi d'Angleterre sera censée nulle et comme non faite, Sa Majesté Très Chrétienne ne consentant au présent article que par le sincère désir qu'elle a de faire cesser promptement l'effusion du sang chrétien et rendre le repos à l'Europe.

Tous les autres articles qui regardent les alliés peuvent être énoncés de la manière qu'il est expliqué dans l'Instruction (1). »

« A travers les voleurs et les partys », Callières atteignit Utrecht le 14 juin 1695. Le surlendemain, Dykvelt lui manda qu'en raison d'une assemblée de « Messieurs les États », qui avait lieu dans la matinée, il ne « pourrait avoir l'honneur de l'embrasser que l'après-midi », entre cinq et six heures. Ce ne fut pas toutefois avec lui que notre agent conféra personnellement en juillet à Overstickt, le Tusculum de Mollo. Ce fut avec un autre affidé de Heinsius, Jacques Boreel, seigneur de Duymbeck, Westhove et Meresteyn, bourgmestre d'Amsterdam par surcroît. Boreel, au fur et à mesure de ses entrevues avec le diplomate français, en transmettait le résultat à Dykvelt et au Pensionnaire. Malheureusement, les Hollandais étaient bien loin de se montrer aussi larges en fait de concessions que Louis XIV. A la fin de juin (2), à défaut de Luxembourg même, ils réclamaient toujours une troisième place pour lui servir d'équivalent. Le Roi déclara, le 7 juillet, qu'il n'entendait rien ajouter à ses offres. Le même jour, Callières écrivait précisément à Croissy qu'il suffirait « d'accorder encore Maubeuge à la barrière », et qu'on pourrait obtenir un désistement pour Condé, comme on en avait obtenu un pour Tournai. Le 30 juillet, Louis XIV ordonna à Callières de revenir décidément, si ses dernières propositions n'étaient pas admises. Il ne tarda pas cependant à se raviser, et, après avoir reçu un « Mémoire » fort important du 1er août, lancé au nom de la ville d'Amsterdam, il autorisa Callières, le 4 août, à accroître l'équivalent prétendu pour Luxembourg, soit de Maubeuge, soit même de Condé, pourvu qu'on lui laissât l'option définitive entre ces deux places.

---

1. Cette Instruction se trouve dans *Hollande*, t. 161. La pièce reproduite ici est suivie d'un *post-scriptum*, que nous omettons, ainsi que les considérants qui en forment le début. Ils offrent peu d'intérêt.

2. *Hollande*, t. 161.

« Sa Majesté, ayant été informée par le compte exact que le sieur de Callières lui a rendu de tout ce qui s'est passé dans sa négociation en Hollande et des assurances positives qui lui ont été données par M. Borel, au nom de tous les bourguemestres d'Amsterdam, du sincère désir qu'ils ont de s'assurer par une bonne paix de l'amitié de Sa Majesté, et de la résolution qu'ils ont prise d'apporter toutes les facilités possibles pour faire terminer toutes les difficultés qu'il y a entre Sa Majesté et les alliés, et particulièrement celles qui regardent l'Empereur et l'Empire, dès que l'équivalent de Luxembourg sera réglé, Sa Majesté a bien voulu, en cette considération, et pour témoigner aux dits sieurs bourguemestres la confiance entière qu'elle prend en leurs bonnes intentions, donner pouvoir audit sieur de Callières de leur déclarer confidemment que, s'ils sont assurés, à n'en pouvoir douter, qu'en ajoutant une place à celles qu'il a offertes de la part de Sa Majesté la paix s'ensuivra infailliblement, elle consent en ce cas, et non autrement, qu'ils s'obligent d'obtenir de Sa Majesté, outre l'équivalent offert pour Luxembourg, la place de Condé ou celle de Maubeuge, au choix de Sa Majesté, et elle satisfera ponctuellement à cet engagement. Mais ledit sieur de Callières doit bien leur faire connaître que, s'il ne produit pas la paix, elle ne prétend plus y être tenue, ni à aucune autre des conditions qu'elle a cy-devant offertes.

Ledit sieur de Callières se conformera aussi à tout ce qui lui est prescrit par l'Instruction du 2 juin 1695, et il ne se relâchera point, sans de nouveaux ordres de Sa Majesté, du choix qu'elle se réserve en ce qui regarde les places de Condé et de Maubeuge (1). »

Les nouvelles avances de Louis XIV restèrent vaines. Le 15 septembre, Mollo écrivit, d'Amsterdam, à Callières : « M. le Pensionnaire Heinsius m'a enfin déclaré dimanche passé qu'il avait reçu ordre du prince d'Orange de me dire que, la dernière conférence que vous avez eue avec M. Dickveld dans ce pays ayant esclaté, et dont il reçoit toujours des plaintes, tant de bouche que par lettres, de la part des alliés, il jugeait à propos de suspendre un peu cette correspondance et négociation, jusqu'à ce que les esprits remuants soient apaisés, pour achever en Suisse

---

1. Supplément pour l'Instruction de M. de Callières, 4 août 1695. — *Hollande*, t. 162.

cette négociation avec tout le secret nécessaire (1). »

L'hiver se passa ainsi, dans une complète inaction, aussi bien au point de vue diplomatique qu'au point de vue militaire. Mais ce ne fut pas en Suisse qu'on se remît à l'œuvre. De nouveaux échanges de lettres replacèrent Callières en présence des Hollandais avant l'ouverture de la campagne projetée pour 1696. Ses instructions portent la date du 10 mars. Elles commençaient, comme d'usage, par les félicitations du Roi, « très satisfait du bon compte que le sieur de Callières lui avait ci-devant rendu des conférences qu'il avait eues par ordre de Sa Majesté, tant avec le sieur de Dickveld, au nom des États Généraux, qu'avec le sieur Borel, bourgmestre d'Amsterdam, aussi autorisé par les mêmes États au sujet du rétablissement de la paix. » Après ce préambule, venait l'ordre donné à Callières de se rendre à Lille pour y attendre la réponse des Hollandais. Sa Majesté avait offert de restituer Luxembourg ou de donner un équivalent. Cet équivalent était le même que l'année précédente, à savoir Ypres avec sa châtellenie, le fort de la Knoque, Menin et sa verge, avec le rasement de Furnes, qui resterait à la France. Mais le Roi consentait toujours à accroître ses offres initiales, soit de Condé, soit de Maubeuge, pouvu qu'il en eût le choix. Il demandait aussi que les États Généraux en signant s'obligeassent à obtenir la signature de leurs alliés, ou bien, si elle était positivement refusée, à observer dorénavant la neutralité pour leur propre compte. Enfin, satisfaction complète leur était donnée en ce qui concernait Guillaume.

« Comme lesdits États Généraux ne voudront rien conclure jusqu'à ce qu'ils soient bien assurés que le Roi ne fera plus de difficulté de reconnaître le prince d'Orange pour roi d'Angleterre, que même ledit sieur Dyckfeld, dans les conférences de Maestricht, a fait connaître que lesdits États n'étaient pas contents de la

---

1. *Hollande*, t. 162. Les détails de cette négociation, sous forme de lettres échangées surtout entre Mollo, Dykvelt et Callières (il en existe aussi de Callières au Roi et à Croissy), se trouvent dans *Hollande*, t. 161.

manière dont les envoyés de Sa Majesté se sont expliqués sur
ce point, elle veut que ledit sieur de Callières déclare encore
que l'intention de Sa Majesté est de ne laisser aucun sujet de
défiance auxdits États Généraux sur cette reconnaissance, et
que Sa Majesté veut agir de bonne foi avec eux tant sur ce point
que sur *tous les autres* qu'il aura à traiter. Il pressera même le
commissaire desdits États de proposer les expédients les plus
convenables tant pour assurer le Roi qu'après avoir accordé
auxdits États Généraux ce qu'ils désirent à cet égard il n'aura
plus pour ennemis l'Angleterre et la Hollande que pour ôter au
prince d'Orange tout sujet de craindre qu'on ne tienne pas
la parole ou promesse, soit verbale, ou par écrit, qu'on aura
donnée sur ce sujet. »

Suivaient de longues et minutieuses instructions à
propos de l'Alsace (1), que nous omettrons ici, mais qui ne
constituaient pas la partie la moins ardue de l'œuvre confiée à l'expérience dévouée de Callières. Ce diplomate, le
1er mai, à sept heures du soir, se rencontra au sas de Gand
avec Boreel. L'agent hollandais s'y était rendu sous prétexte d'ordres à donner pour les fortifications et les munitions de la place. Le lendemain, il emmena son interlocuteur sur son yacht officiel du côté de l'Escaut, afin de
conférer plus tranquillement avec lui (2). Malgré les
habitudes de réticence extrême dont on ne se départait
jamais à La Haye, cette fois, il avait été entendu, et pour
cause, que Boreel s'expliquerait le premier.

« Il a commencé par l'équivalent de Luxembourg, en m'a-
vouant qu'il leur convient mieux que Luxembourg, et ajoutant
que Luxembourg était aussi plus convenable à Votre Majesté.
Je lui ai dit qu'il était vrai que Luxembourg était fort nécessaire
pour couvrir la Champagne, et que, cependant, Votre Majesté,
préférant le repos public à toute autre considération, consentirait
à le rendre, à moins qu'ils ne se contentassent d'un juste équivalent de cette place, l'un et l'autre au choix de Votre Majesté,
comme il est convenu par ses lettres, et que c'était à eux à le

---

1. Instruction pour le sieur de Callières, 10 mars 1696. — *Hollande*,
t. 163 et 162.
2. Callières au Roi, 1er mai 1696. — *Hollande*, t. 163.

proposer, tel que Votre Majesté le pût accorder, au lieu de Luxembourg. Il me répliqua qu'il était vrai qu'ils en avaient defféré *(sic)* le choix à Votre Majesté, mais qu'ils espéraient qu'elle ne l'accorderait pas moindre pour cela, et ne voudrait pas se prévaloir de la franchise avec laquelle il me déclarait qu'ils aiment mieux un équivalent pour fortifier leur barrière que Luxembourg, qui est éloigné d'eux (1). »

En même temps, il remit à Callières des « propositions par écrit », concertées avec Heinsius et Dykvelt, et qui ne formaient rien moins qu'un projet de paix générale. Elles arrivèrent à Paris le 11 mai en même temps que la lettre précédente. Nous les reproduirons en entier, quoiqu'elles concernent l'Empire tout autant au moins que l'Espagne.

« 1° Que la paix sera générale avec tous les hauts alliés, par conséquent avec le roi d'Angleterre (2).

2° Que, la paix se faisant, le roi Guillaume sera reconnu par Sa Majesté Très Chrétienne roi de la Grande-Bretagne, sans aucune restriction, condition ou réserve (3).

3° Et que cette déclaration se fera dans les formes, dès qu'on sera convenu des points fondamentaux sur lesquels on consentirait à un Congrès (4).

4° En cas que la paix ne s'ensuive pas, tout ce qui aura été dit, avancé, promis ou acquiescé dans la conférence sera nul et sans engagement aucun ou préjudice à l'un ou à l'autre parti, en quel temps ou rencontre que ce puisse être (5).

5° Que les traités de Westphalie ou de Nimègue, ensemble le recez de Nuremberg, seront le fondement et la base de la négociation à faire, et que, par conséquent, tout ce qui a été pris durant la présente guerre sera restitué de part et d'autre (6).

6° Qu'en vertu de ces traités seront annulées toutes les réu-

---

1. Callières au Roi, 3 mai 1696. — *Hollande*, t. 163.

2. « D'accord. » — (Cette note et les suivantes sont les réponses « de bouche » faites par Callières).

3. « De même.

4. Cela ne se pourra faire qu'en signant un traité de paix.

5. D'accord.

6. Les deux traités seront le fondement du nouveau traité à faire.

nions, et le tout restitué à ceux auxquels ont appartenu les biens, places et terres occupées par ces réunions (1).

7° Comme aussi Strasbourg avec tout ce qui en dépend sera rendu à l'Empereur et l'Empire (2).

8° Au roi d'Espagne la ville de Luxembourg ou un équivalent en cas qu'on juge de la convenance de le proposer, dont on pourra convenir, et qui serviront *(sic)* pour augmenter la barrière qu'on prétend, quoi qu'il en puisse être, qui soit plus forte, plus sûre et plus considérable que celle du traité de Nimègue (3).

9° Le Roi très chrétien fera exempter les sujets des Provinces-Unies du paiement des 50 sols par tonneau et lèvera en leur faveur, et à la satisfaction des États, les défenses, restrictions et empêchements ou obstacles que Sa Majesté a faites au préjudice de leur commerce depuis l'an 1650 (4).

10° Le duc de Lorraine aura l'accomplissement et l'effet des conditions que le Roy, à ce qu'on nous en a dit, a fait espérer à son avantage, ou qui sont ou doivent être telles que l'Empereur en soit entièrement satisfait (5).

11° Sa Majesté rendra au duc de Savoye tout ce que, pendant cette guerre, elle a conquis sur ce prince, et, le traité qu'il a avec les hauts alliés portant qu'ils lui procureront la restitution de Pignerol, on est obligé de la demander et d'appuyer ce prince pour la lui faire obtenir (6).

12° Au prince et évêque de Liège seront restitués Dinan et Bouillon (7).

13° Que tous les princes et États alliés qui ne sont pas intervenus ou nommés dans les traités de Westphalie et de Ni-

---

1. Les réunions faites par les Parlements ou Chambres de Metz et de Brisak depuis le traité de Nimègue, et qui sont spécifiées en détail par le « Mémoire » qui sera communiqué, seront rendues aux propriétaires. S'il s'en trouve d'obmises dans ledit « Mémoire », faites comme dessus, on en fera raison.

2. On donnera un juste équivalent à l'Empereur.

3. Le Roi consent, pour le bien de la paix, de rendre Luxembourg au roi d'Espagne, et, si on lui propose de céder un juste équivalent pour conserver Luxembourg, Sa Majesté en recevra la proposition, à condition qu'elle aura le choix de l'un et de l'autre.

4. Le Roi accordera ladite exemption des 50 sols. Au surplus, confirmation du dernier traité de commerce fait à Nimègue.

5. Cet article sera traité dans la négociation.

6. Restitution des États du duc de Savoye qu'il possédait avant la guerre. Refus absolu de Pignerol.

7. A M. l'évêque de Liège Dinan en l'état qu'il a été pris.

mègue pourront proposer et justifier ce qu'ils trouveront à propos de prétendre dans le Congrez qui se fera pour négocier la paix (1).

14° Que tous les points cy-dessus étant accordez, le roi de la Grande Bretagne et les États Généraux déclareront de consentir à un tel Congrez, et qu'on convienne de la médiation et médiateurs comme aussy du lieu et du temps de l'assemblée, et qu'ils s'engageront d'employer de bonne foy leurs offices et tous les moyens convenables pour persuader les hauts alliés d'y consentir pareillement et d'entrer incessamment en négociation (2).

15° A condition que, dans cette assemblée, chacun des alliés, aussi bien que le roi d'Angleterre et M. M. les États, soit que dans les préliminaires on aye déjà stipulé ou accordé pour lui quelques conditions, ou non, pourra prétendre et tâcher d'obtenir tout ce qu'il croira juste et fondé en raison (3).

16° Que, dans le Congrez, on résumera tous les articles des traités de Westphalie et de Nimègue, comme aussi de celui du commerce, pour examiner quels changements, altérations ou explications on en pourrait faire d'un commun concert (4).

17° Que, dans cette assemblée, on réglera aussi les sûretés ou grâces au sujet de la religion protestante, pour les consuls, pour les marchands et autres de cette profession (*sic*), qui seront établis en France ou qui y pourraient être appelés de temps en temps pour des affaires, comme aussi les voyageurs pour voir la France (5).

18° Qu'on y pourra parler aussi et rendre de bons offices en faveur des religionnaires qui ont souffert par la révocation de l'édit de Nantes, et que ceux qui se sont établis icy en Hollande et sont devenus sujets de cet État puissent jouir des revenus de leurs biens en France, ou ayent permission de le vendre et aliéner (6). »

---

1. Cela se pourra lors de la conclusion de la paix.

2. Que l'on fera un plan de la paix générale entre Sa Majesté et M.M. les États, tant pour eux que pour leurs alliés, sur lequel ils emploieront leurs offices les plus efficaces pour en moyenner la conclusion conformément à ce plan ou projet dans le temps dont on sera convenu.

3. La réponse à l'article précédent suffit pour cet article.

4. Déclare avoir ordre exprès de ne pas entrer en une nouvelle discussion des paragraphes du traité de Munster qui ont cédé au Roi la souveraineté de la haute et basse Alsace, circonstances et dépendances, attendu que cette matière a été épuisée dans les conférences de Nimègue.

5. A l'égard des consuls, etc., demandera les ordres du Roy.

6. Sa Majesté ne recevra point de sollicitations d'aucuns souverains à l'égard de ses sujets de la R. P. R. » — *Hollande*, t. 163.

Quelques jours après l'envoi de cette pièce et de sa lettre, le 7, de Rotterdam, Callières continua le récit de son voyage et le résumé de ses discussions avec l'agent hollandais.

« J'arrivay hier au soir en cette ville où j'ai été conduit par M. Borel dans le yack des États, après avoir conféré avec M. Dickfeldt devant le fort de Lillo sur l'Escaut, où il arriva de Bruxelles le 4 au soir, et entra d'abord dans notre yack.

Ledit sieur Dickfeldt me parut fâché de ce que M. Borel m'avait vu avant qu'ils eussent conféré et convenu ensemble sur ce qu'ils avaient à me dire, ce qui obligea M. Borel à lui dissimuler qu'il m'eût déjà communiqué le « Mémoire » que j'ai envoyé à Votre Majesté joint à ma lettre du 4 au matin, écrite de devant le fort de Lillo. Je les laissay conférer ensemble, et ils me présentèrent ensuite le même « Mémoire » auquel j'avais déjà répondu. Je le reçus sans témoigner devant M. Dickfeldt que je l'eusse vu, et nous raisonnâmes sur chaque article. M. Dickfeldt s'échauffa fort sur le refus que je faisais de reconnaître M. le prince d'Orange conformément au 3e article de ce « Mémoire », et il me dit qu'on ne pouvait pas conclure de paix générale sans qu'on admît dans la conférence un ministre du prince d'Orange en qualité de ministre du roi d'Angleterre.

Je lui répondis que je n'avais rien à traiter avec les ministres anglais, mais que, quand je serais convenu avec ceux de M. M. les États de ce qui regarde les affaires d'Angleterre et les intérêts de M. le prince d'Orange, et qu'il n'y aurait plus qu'à signer, qu'alors je signerais avec le ministre d'Angleterre, et je le reconnaîtrais dans les qualités qu'il prendrait pour lui et pour son maître; qu'en un mot, tant que M. le prince d'Orange serait en guerre contre Votre Majesté, il ne serait jamais que prince d'Orange à notre égard, mais que, du jour que nous signerions un traité de paix, soit générale avec tous les alliés, ou particulière entre Votre Majesté, l'Espagne, l'Angleterre et les États Généraux, je reconnaîtrais le prince d'Orange en la qualité de roi d'Angleterre.

Il me répliqua qu'on ne pouvait pas signer de traité que l'on ne fût convenu d'un lieu d'assemblée dans laquelle tous les ministres des alliés se rendissent avec les pouvoirs nécessaires pour cela, et qu'il fallait qu'ils eussent des passeports de Votre Majesté avec leurs qualités pour s'y rendre.

Je lui dis que, si on prétendait traiter la paix dans une

assemblée générale, il ne fallait pas s'attendre à la conclure de plusieurs années; sur quoy M. Borel, prenant la parole, me dit que l'intention n'était pas de la traiter dans toutes les formes, puisqu'ils convenaient d'en faire le projet général avec moi, sur lequel ils promettraient d'employer leurs offices les plus efficaces pour y faire consentir tous leurs alliés, mais que, quand ils les y auraient disposés, il faudrait toujours en venir à une assemblée avec les ministres des parties intéressées pour conclure et signer avec eux ce qui aurait été projeté; qu'alors on ne pourrait pas se dispenser d'admettre le ministre de M. le prince d'Orange comme ministre du roi d'Angleterre et de lui délivrer au nom de Votre Majesté les passeports nécessaires en cette qualité ; que l'affaire méritait bien d'être examinée pour ne pas rompre sur un point de formalité, lorsque nous étions d'accord de la substance, qui est la reconnaissance de M. le prince d'Orange en la qualité de roi d'Angleterre.

Je lui répondis que ce n'était pas une simple formalité, mais une précaution nécessaire que je devais prendre de ne leur laisser espérer aucune déclaration de cette reconnaissance que par la conclusion de la paix, sur quoy M. Borel dit qu'il fallait songer aux expédients d'assurer les volontés des parties, qui sont la paix et la reconnaissance.

M. Dickfeldt me parut beaucoup moins liant et plus fier que M. Borel, traitant de mauvaise difficulté celle que je lui faisais là-dessus, et soutenant que la paix était impossible, si j'y persistais.

Comme M. Dickfeldt est abondant en paroles, il fit plusieurs digressions sur nos précédentes conférences, ajoutant qu'il m'avait toujours dit que nous ne ferions pas la paix, si je n'y apportais plus de facilitez. Je lui repartis que j'avais de bonnes raisons de lui retorquer son argument, puisque les mauvaises difficultez venaient de sa part, et que, quand il me demanderait des choses raisonnables, j'étais prêt à les lui accorder. Nous disputâmes encore fort sur divers autres articles, mais, pour trancher ces disputes, qui s'échauffaient trop de sa part, je lui dis que je dicterais mes réponses à M. Borel, qui les écrirait à côté de chaque article de leur « Mémoire », et que M. Borel les lui communiquerait. Sur quoy, il sortit de notre yack pour s'en retourner dans le sien attendre ma réponse, et, lorsqu'il fut sorti, je dictai à M. Borel les mêmes réponses que je lui avais déjà faites au sas de Gand, et dont lui et moi avions gardé copie, lesquelles il ajouta de sa main à côté du « Mémoire » qu'il m'avait présenté devant M. Dickfeldt, et il le lui envoya deux heures après, afin qu'il pût croire que nous avions longtemps conféré avant que de les former, et M. Dickfeldt lui renvoya ce « Mémoire », après avoir lu mes réponses, et lui écrivit qu'il n'en était pas content, surtout de l'article 3ᵉ qui touche le prince d'Orange. M. Dickfeldt partit ensuite pour retourner à Bruxelles, et nous pour Rotterdam (1). »

Cette lettre n'arriva avec le reste à destination que le 11, ce qui laisse lieu de craindre qu'on n'eût retenu le tout au passage, pour en prendre connaissance, et copie par-dessus le marché. Quoi qu'il en soit, Louis XIV, le surlendemain, répondit de Versailles :

« J'ai reçu vos lettres des 3ᵉ et 7ᵉ de ce mois, avec les propositions par écrit que le sieur Borel a remises entre vos mains, et auxquelles vous m'écrivez avoir répondu de bouche, suivant les apostilles que ledit sieur Borel y a mises.

Je vous diray sur ce premier point qu'il aurait été à désirer que, sans en venir d'abord à des réponses si précises, vous eussiez seulement parlé en conformité de ce qui est porté par votre Instruction, les raisons qui accompagnent les ordres que je vous ai donnés servant beaucoup à adoucir ce qui paraît dur dans une réponse succincte, et fortifier ce qui serait faible, s'il n'était accompagné de ce qui le soutient. Enfin, il aurait été bon de n'en venir à des articles et réponses par écrit qu'après être convenu verbalement de tout ; et, pour vous expliquer encore plus clairement mes intentions sur les dites propositions, la première, qui porte que la paix sera générale, ne reçoit aucune difficulté ; les deuxième et troisième, touchant la reconnaissance du prince d'Orange pour roi d'Angleterre, sont, comme vous savez, d'une si grande conséquence que la moindre marque que vous puissiez donner de mon consentement avant que d'être assurés de la paix de la part des États Genéraux, ou d'avoir signé avec eux une convention telle que je vous l'ai prescrite, donnerait lieu à mes ennemis d'en tirer un très grand avantage, et votre réponse apostillée, quoique non signée, leur peut servir à ce dessein. Ainsi, quelque emportement que le sieur Dickfeldt et même le sieur Borel puissent faire paraître sur ce point, vous ne devez pas vous relâcher, en quelque manière que ce soit, de ce que je vous ai prescrit par votre Instruction, et, comme le

---

1. Callières au Roi, 7 mai 1696. — *Hollande*, t. 163.

seul motif qui me puisse obliger à reconnaître ledit prince d'Orange pour roi d'Angleterre est que je suis persuadé que c'est un moyen infaillible de rétablir la tranquillité publique et de faire cesser l'effusion du sang chrétien, il ne faut pas que ceux avec qui vous traitez s'imaginent que je veuille faire cette démarche, si je ne suis bien assuré qu'elle procurera le repos à toute l'Europe ; et je ne doute point que, si l'Angleterre et les États Généraux veulent faire la paix aux conditions que je vous ai permis d'accorder, l'Empereur et le roi d'Espagne, qui sont fort las de la guerre, et généralement tous les autres alliés, ne se conforment avec plaisir aux sentiments des Anglais et Hollandais.

J'approuve le 4e article des dites propositions. Sur le 5e, vous avez bien fait de retrancher la clause du recez de Nuremberg, qu'il ne faut admettre, en quelque manière que ce soit.

L'article 6e ne reçoit point de difficulté, et, à l'égard du 7e touchant Strasbourg, il aurait fallu différer à vous en expliquer, jusqu'à ce qu'on fût convenu avec vous de tout ce qui regarde l'Espagne, l'Angleterre et la Hollande.

Les articles 8e, 9e et 10e et leurs apostilles sont conformes à mes intentions ; il en est de même des apostilles sur les 11e et 12e.

A l'égard du 13e, comme vous avez pouvoir de convenir des intérêts de tous les princes qui sont en guerre contre moi, ce ne pourrait être qu'à mauvaises intentions qu'on stipulerait encore ce qui est porté par ledit article, qui ne servirait qu'à faire de nouveaux embarras et difficultés dans la conclusion du traité.

Le 14e est encore un moyen de prolonger la négociation de la paix à l'infini, et il faut s'en tenir à la réponse qui est en apostille, de même que des articles 15e et 16e.

Quant au 17e, je rétablirai les consuls hollandais dans les mêmes lieux et avec les mêmes prérogatives qu'ils avaient avant la guerre, et ils pourront faire leurs prières dans leur maison, tant pour eux que pour leurs domestiques hollandais, sans y souffrir aucuns Français que ce puisse être.

Au surplus, j'approuve les autres réponses que vous avez fait de bouche tant au sieur Dickfeldt qu'au sieur Borel, et, s'ils continuent à vous faire voir qu'ils ne songent qu'à faire des projets de paix, assembler tous les ministres des princes qui sont en guerre et convenir de médiateurs, sans en venir à rien d'effectif avec les États Généraux, il est bon de leur insinuer que vous ne croyez pas que je veuille vous laisser longtemps chez eux inu-

tile et de leur donner lieu de dire que je fais plus de démarches
que je ne dois pour parvenir à la paix. En un mot, s'ils la veulent aux conditions justes et raisonnables que vous avez pouvoir
d'accorder, ils en peuvent convenir promptement avec vous, et,
apparemment, ils n'en seront pas désavoués par leurs alliés.
Mais, s'ils continuent à vous parler de la manière qu'ils ont fait,
sans se déterminer à rien, ni sur ce qui regarde l'équivalent de
Luxembourg, ni sur les autres matières que vous avez à traiter,
il faudra conclure qu'ils n'ont aucun dessein de faire la paix (1).»

Callières, qui s'était transporté à Leyde, afin sans doute
de mieux dissimuler sa présence, fut bientôt en mesure
de savoir comment le prince d'Orange, survenu le 17 à
La Haye, avait accueilli définitivement les offres de
Louis XIV et les rapports de Dykvelt.

« J'arrive de la conférence qui me fut proposée avant-hier par
une lettre de M. Borel. Elle s'est tenue entre cette ville et La
Haye. J'ai été pour cela dans un village nommé Laidchendam,
où j'ai trouvé M. Dickfeldt seul, avec lequel j'ay monté en
carrosse, et nous avons été trois heures ensemble. Je l'ai trouvé
beaucoup plus doux et plus traitable que devant le fort de Lillo.
Après les compliments réciproques, il m'a dit que M. Borel
l'avait informé qu'il m'était venu voir à Leyden, et qu'ils avaient
résolu de me proposer cette nouvelle conférence afin de concerter avec moi de quelle manière ils déclareraient aux ministres
de leurs alliés la résolution prise par le prince d'Orange, qu'il
appelle le roi d'Angleterre, et par les États Généraux, de faire
la paix avec Votre Majesté, et jusqu'à quel point ils pouvaient
s'ouvrir avec eux des conditions que Votre Majesté veut bien
accorder à chacun des alliés; qu'il venait aussi me demander de
nouveaux éclaircissements touchant ces conditions.

Il a ajouté que le prince d'Orange arriva hier à minuit à La
Haye ; qu'il en a eu audience ce matin, en laquelle il lui a dit
ce qui s'est passé entre nous, et qu'il venait au rendez-vous qui
m'avait été donné avant-hier à aujourd'hui ; que le prince
d'Orange lui avait répondu qu'il serait bon qu'il convînt avec
moi des moyens de nous revoir secrètement en quelque autre
lieu, afin d'avancer et de terminer heureusement notre affaire.

Il m'a dit ensuite que, comme le prince d'Orange ira à Loo

---

1. Le Roi à Callières, 13 mai 1696. — *Hollande*, t. 163.

après qu'il aura été à l'assemblée des États, si je trouvais bon que nous nous réunissions à Utrecht, il croyait que ce serait le lieu le plus propre pour finir toutes nos affaires, parce qu'il y serait à portée d'aller de là à Loo et d'en revenir sans être observé.

Je lui ai répondu que j'irais volontiers à Utrecht, et qu'il n'avait qu'à me faire savoir quand il pourrait s'y rendre. Nous sommes convenus qu'il me le manderait après-demain au lieu que je lui marquerais, et je lui ai dit que, comme il y avait déjà quelques jours que j'étais à Leyden, où je pouvais être reconnu, j'irais demain à Harlem attendre de ses nouvelles.

Il m'a raconté ensuite les recherches de M. de Vaudemont pour découvrir qui j'étais, et les inquiétudes du comte de Caunitz, ministre de l'Empereur, sur le bruit qui s'est répandu d'une négociation secrète entre un envoyé de Votre Majesté et M. Borel au sas de Gand, et, après plusieurs préambules, il est entré en matière en me demandant de quelle manière je croyais qu'ils dussent se conduire avec leurs alliés pour les porter à la paix. Je lui ai répondu que j'étais persuadé qu'ils en trouveraient bien les moyens par eux-mêmes ; que, cependant, puisqu'il le souhaitait, je lui dirais mon sentiment là-dessus.....

Nous avions fait près de deux lieues sans qu'il m'eût encore parlé de la reconnaissance du prince d'Orange, et j'en étais surpris, lorsqu'il me dit : « Mais j'oubliais de vous demander si vous n'avez pas songé à quelque expédient, touchant la manière de traiter avec le roi d'Angleterre. — Non, lui dis-je, car je vous ai dit à Lillo tout ce que je pouvais faire à cet égard. — Mais comment croyez-vous, répliqua-t-il, que nous puissions faire la paix générale, sans qu'il y intervienne un ministre du roi d'Angleterre ? — Je n'empêche point, lui répondis-je, qu'il n'y en ait un, pourvu que je ne traite pas avec lui. — Comment voulez-vous donc terminer ce qui regarde le roi et la couronne d'Angleterre ? — Avec vous, lui dis-je, comme ministre des États Généraux, et, lorsque nous aurons tout réglé et qu'il ne s'agira plus que de signer le traité, je le signerai avec le ministre d'Angleterre. — Et pour les passeports, ajouta-t-il, ne faut-il pas qu'il y en ait du roi votre maître pour se rendre à la Conférence ? — Non, lui dis-je, car il faut que nous concluions et signions la paix ici en Hollande, où nous sommes tout portés, sans que nous ayons besoin de passeports. — Mais il faut que les ministres des alliés y consentent, me dit-il. — Que peuvent-ils souhaiter de plus avantageux, lui répondis-je, que le consentement du Roy pour traiter et conclure la paix chez une puissance leur alliée, et qui est encore ennemie de Sa Majesté ? »

Il se mit là-dessus à se moquer de la proposition, qu'il dit avoir été faite de la part de l'Empereur, de traiter la paix à Stockholm par l'entremise du comte Oxenstiern, et qu'ils l'ont rejetée comme impraticable. Il me témoigna souhaiter et approuver fort que la paix se fît en Hollande, et qu'il fallait empêcher par là les Suédois de la traîner en longueur comme ils le voudraient faire. Il n'insista plus sur la reconnaissance du prince d'Orange avant la paix, et il me dit seulement qu'il appréhendait que les Anglais, qui sont fiers, ne s'accordassent pas facilement là-dessus.

Je lui dis que les Anglais faciliteraient la conclusion de la paix dont ils avaient plus de besoin que qui que ce soit, et nous nous séparâmes ensuite en bonne amitié et intelligence, avec assurance réciproque de nos bonnes intentions, pour finir au plus tôt ce grand ouvrage (1). »

Il semblait à Callières que la France touchait au but. « Les intérêts de l'Espagne, de la Hollande et de l'Angleterre étant réglés », écrivait-il au Roi le 22 mai, « il ne reste plus que les affaires de l'Empereur et de l'Empire, de la Lorraine et de Savoye, sur lesquelles on me demande au nom des États les dernières intentions de Votre Majesté, afin de pouvoir procurer la conclusion de la paix en les faisant accepter par leurs alliés. » Callières avait, par prudence, écarté jusqu'ici de ses pourparlers avec les Hollandais un autre sujet aussi « considérable » que délicat, « celui qui regarde la succession d'Espagne, qui est l'un des plus essentiels pour lesdits États à cause de l'inquiétude où ils sont de ce qui arrivera à l'égard des Pays-Bas et de leur barrière, quand la couronne d'Espagne viendra à vaquer (2). » Notre envoyé ne se méprenait pas du reste, en ce qui concernait « le prince d'Orange. » Aussitôt débarqué en Hollande, le prince avait réellement conféré avec Dykvelt, afin de savoir où ce dernier en était au juste avec Callières. A peine mis au courant, de même

---

1. Callières au Roi, 18 mai 1696. — *Hollande*, t. 163.
2. Callières au Roi, 22 mai 1696. — *Hollande*, t. 163.

que les Hollandais, il avait conclu, comme eux, « qu'il était temps de faire savoir à l'Empereur qu'ils étaient d'avis de faire la paix. » Guillaume lui écrivit directement dans ce sens de La Haye, et Dykvelt eut mission d'aller demander au comte de Kaunitz, son ministre dans cette ville, quelles étaient ses prétentions. Le comte répondit « qu'il n'avait point de pouvoir ni d'ordre particulier là-dessus, mais que cependant il lui en dirait ses sentiments, quand il aurait appris de lui si le bruit qui courait était vrai que M. Boreel et lui avaient conféré avec un ministre de France. » A ce coup droit, Dykvelt riposta par un demi-aveu qui laissait à Boreel seul toute la hardiesse de la démarche. Kaunitz alors déclara sans plus de détours qu'entre autres prétentions l'Empereur exigeait absolument la triple restitution de Strasbourg, de la Lorraine et de Pignerol. Dykvelt essaya en vain de lui expliquer à quels expédients on avait songé pour lever les difficultés. Le ministre de Léopold refusa net de se contenter de la satisfaction toute personnelle promise au roi d'Angleterre. Il prétendait en obtenir autant, ou plus, sous d'autres formes pour son maître (1). Le sort de Pignerol se trouva bientôt réglé par Louis XIV lui-même, mais la question de Strasbourg et de son équivalent allait retarder la solution pendant une année entière, au grand ennui sans doute de Guillaume III, qui n'osait plus guère espérer une brillante revanche militaire, et qui avait gagné ce qu'il désirait, par-dessus tout : la reconnaissance de son usurpation par l'unique protecteur de son oncle.

Les instructions que Kaunitz avait demandées à Vienne ne lui parvinrent pas avant la fin de juin. A l'arrivée du courrier parti à franc étrier de Hollande, l'Empereur, paraît-il, était au lit. Et puis la Suède elle-même insistait pour faire céder Strasbourg à Léopold (2). Le 5 juillet enfin, aux environs de Leyde, Dykvelt et Boreel rapportèrent à notre envoyé la réponse reçue par M. Heemskerk,

---

1. Callières au Roi, 26 mai 1696. — *Hollande*, t. 163.

2. Callières au Roi, 25 juin 1696. — *Hollande*, t. 163.

leur ambassadeur à Vienne. « Après s'être plaint de ce que les États Généraux étaient entrés en traité avec sa Sa Majesté Très Chrétienne sans sa participation, Léopold avait cependant agréé la continuation de la négociation commencée en ce pays pour parvenir à la paix générale par l'entremise des États Généraux, et il donnait ordre à son ministre à La Haye d'y concourir et d'entrer en conférence là-dessus avec les ministres des États Généraux, et même avec celui de Sa Majesté Très Chrétienne, conjointement ou séparément, lorsqu'ils le trouveraient à propos, mais il ne pouvait se départir de la restitution de Strasbourg à l'Empire ni recevoir d'équivalent pour cette place ; il désirait de plus l'entier rétablissement des traités de Westphalie et de Nimègue, et qu'il fût loisible à lui et à tous ses alliés de faire les autres demandes qu'ils jugeront justes et raisonnables hors de ces traités (1). »

Vainement Callières se décida à faire usage du pouvoir qui lui avait été donné dès le 5 juin de proposer une alternative sur les bords du Rhin à l'Empereur, soit, en premier lieu, la restitution de Fribourg dans son état actuel, plus celle de Strasbourg rasé avec toutes ses dépendances, Philippsbourg restant à la France, soit, en second lieu, la restitution de Philippsbourg, Fribourg, Brisach et Kehl, la France conservant Strasbourg. Tout l'artifice du système consistait en ce que, Strasbourg rasé ne devant appartenir qu'aux seuls Strasbourgeois, s'il était restitué, Léopold, selon toute vraisemblance, préférerait à une compensation purement platonique pour lui la possession effective de Kehl et des autres places (2). Après en avoir conféré avec Guillaume et Heinsius, Dykvelt et Boreel revinrent trouver Callières, et lui affirmèrent que ses propositions ne seraient jamais admises à Vienne, et qu'il « fallait rendre Strasbourg en l'état qu'il était ou un juste équi-

---

1. Callières au Roi, 8 juillet, 1695. — *Hollande*, t. 163. — Cf. Gaedeke, t. I, p. 37-38, 41-42 et 128-130.
2. Callières au Roi, 15 juillet 1696. — *Hollande*, t. 163.

valent (1). » Louis XIV refusa avec beaucoup de fermeté de se prêter aux exigences des Allemands. « Il est absolument nécessaire », manda-t-il le 26 juillet, « que je sois assuré, par le traité qui interviendra, que, si cette ville ne me demeure pas, au moins elle ne sera pas en état de donner à mes ennemis aucune entrée dans mon royaume. » En conséquence, il était « bien éloigné d'apporter aucun changement à ses ordres. » Néanmoins il accorderait à l'Empereur et à l'Empire Kehl fortifié, si on lui laissait Strasbourg (2). Le 30 juillet, il fit encore un pas en avant et consentit à ce que Strasbourg, s'il retournait au corps germanique, pût, au lieu « de la simple muraille non terrassée » dont il avait été question, « être fortifié ainsi qu'il était, lorsque ses troupes y étaient entrées, sans pouvoir à l'avenir augmenter ses fortifications (3). »

Tout en manifestant une vive joie de cette dernière nouvelle, Boreel, à qui Callières la communiqua d'abord, ne lui dissimula pas sa crainte que les Impériaux ne voulussent, ni se contenter des anciennes fortifications de Strasbourg, ni y supporter la liberté de conscience que Louis XIV réclamait également au profit des catholiques. Boreel refusa même de connaître l'équivalent proposé pour Strasbourg, avant d'avoir été à La Haye prendre des ordres. Malgré tout, raconte Callières, « nous nous embrassâmes avec beaucoup d'affection en nous séparant (4). » Ce fut toutefois par la plume moins compromettante de Mollo que Heinsius répondit, en insistant sur la nécessité absolue de laisser l'Empereur et l'Empire entièrement maîtres de Strasbourg, puisqu'autrement on ne rétablirait pas, à son sens, les traités de Münster et de Nimègue. Du reste, le Pensionnaire venait d'envoyer un courrier au prince d'Orange. En réalité, Dykvelt alla

---

1. Callières au Roi, 17 juillet 1696. — *Hollande*, t. 163.
2. Le Roi à Callières, 26 juillet 1696. — *Hollande*, t. 163.
3. Le Roi à Callières, 30 juillet 1696. — *Hollande*, t. 163.
4. Callières au Roi, 12 août 1696. — *Hollande*, t. 163.

en personne trouver ce prince, et ne tarda pas à revenir, en compagnie de Boreel, « avec un visage fort ouvert et fort gai », le 19 août, entre Harlem et La Haye, pour apporter à Callières un piège de fabrication assez grossière, où il n'était guère à espérer que se prendrait la perspicacité de Louis XIV. Voici en quels termes Callières le décrivit aussitôt après réception :

« Si Votre Majesté veut leur permettre de proposer à l'Empereur Strasbourg en l'état qu'il était, sans ces conditions, avec la Lorraine sur le pied du traité de Nimègue, ils sont certains que la réponse de l'Empereur sera qu'il ne peut pas accepter la Lorraine à des conditions si onéreuses pour son neveu, et qu'alors ils me donnaient parole, tant au nom des États Généraux que du prince d'Orange, qu'ils déclareront à l'Empereur qu'ils ont satisfait à leurs obligations envers lui en obtenant de Votre Majesté de remettre les choses en l'état qu'elles étaient par les traités de Westphalie pour l'Empire et par le traité de Nimègue pour la Lorraine, et que, si l'Empereur désire de procurer de meilleures conditions à son neveu, il faut qu'il accepte l'équivalent offert par Votre Majesté, au lieu de Strasbourg pour l'Empire, et qu'ils y ajouteront que c'est le parti qu'il doit prendre comme le plus convenable à tout le monde pour rendre la paix durable, telle que les États Généraux ont intérêt de la procurer ; qu'il n'y a aucune apparence que l'Empereur rejette en cela leurs conseils ; et que, s'il le faisait, alors ils lui déclareraient nettement que, comme ils ont satisfait à leur engagement envers lui, ils étaient libres de prendre leur parti, s'il prétendait continuer la guerre contre leur gré, et que toutes ces conséquences sont si naturelles que Votre Majesté n'en doit faire aucun doute (1). »

Malgré la déception et la légitime impatience que Louis XIV éprouva et ne pouvait manquer d'éprouver à la lecture de ces habiles insinuations, il répondit le 27 août, après un préambule assez morose :

« Je désire que, dans la première conférence que vous aurez, soit avec le sieur Borel, ou le sieur Dyckfeld, ou tous deux

---

1. Callières au Roi, 19 août 1696. — *Hollande*, t. 163.

ensemble, vous leur demandiez premièrement de vous dire positivement ce que les États Généraux voudraient faire, si le désir qu'ils m'ont toujours vu de leur procurer la paix me portait encore à me relâcher des seules conditions qu'ils croyent présentement capables de l'empêcher.

S'ils vous répètent ce qu'ils vous ont déjà dit plusieurs fois, que les États Généraux feront connaître alors à l'Empereur qu'ils s'étaient engagés à faire rétablir les traités de Westphalie et de Nimègue, qu'ils l'ont obtenu de moi, qu'ils croyent que le parti le plus convenable, non seulement au duc de Lorraine, mais aussi à la solidité de la paix qui se fera, est de me laisser Strasbourg et d'accepter l'équivalent que je veux bien offrir, qu'ils déclareront en cas de refus qu'ayant satisfait à leurs engagements envers l'Empereur, ils sont désormais libres de prendre tel parti qu'il leur conviendra, vous demanderez alors à ceux avec qui vous traitez s'ils ont pouvoir de vous le promettre par écrit, et, quoiqu'on doive s'attendre que je désire au moins cette sûreté, en consentant à toutes les facilités qui me sont demandées pour l'avancement de la paix, je veux bien cependant que, si les instances que vous ferez sur ce sujet ne peuvent réussir, vous vous contentiez de la simple parole qui vous sera donnée par les sieurs Borel et Dickfeld que ceux au nom de qui ils parlent renonceront à la Ligue, si l'Empereur et ses alliés refusent l'acceptation de l'une des deux alternatives.

Après ce renouvellement de la promesse qu'ils vous ont faite plusieurs fois, vous pourrez leur déclarer que je prends une entière confiance à la sincérité de leurs intentions et aux assurances que vous m'avez données de leur part que Strasbourg, dont je regarde la conservation essentielle au maintien de la paix, me demeurerait, et qu'ils porteraient l'Empereur à préférer à cette place l'équivalent que j'offre pour la retenir ; que je me suis déterminé par ce motif à la comprendre dans l'une des deux alternatives de la manière dont ils l'ont demandé, c'est-à-dire au même état qu'elle était lorsque je m'en suis rendu maître, sans que vous fassiez aucune mention de ce qui regarde la religion, et que, comme ce nouveau consentement que je donne est celui qu'ils ont le plus souhaité et qu'ils ont regardé comme devant décider absolument de la paix, j'ai lieu de croire qu'ils en profiteront pour la conduire au plus tôt à une heureuse conclusion.

Vous pouvez même les assurer que, si ce grand ouvrage peut finir, comme il y a lieu de l'espérer, et en cas qu'ils veuillent vous donner par écrit la déclaration que vous leur demanderez d'obliger leurs alliés à y consentir ou de les abandonner, je m'engagerai aussi par le même écrit à reconnaître le prince d'Orange aussitôt que la paix générale sera faite, ou que l'on sera convenu d'une paix particulière avec l'Angleterre et la Hollande, au refus que l'Empereur ferait d'y entrer (1). »

Cette dépêche arriva à Callières le dernier jour d'août, dans la soirée. Dès le lendemain, il en transmit l'essentiel à Dykvelt et à Boreel, qui s'en montrèrent très satisfaits, mais sans vouloir accepter la moindre initiative. « Ils m'ont dit, » écrivit Callières, « qu'aussitôt après que nous aurons fait ce projet il était nécessaire que j'entrasse en conférence avec le comte de Kaunitz, et que, sur les diffi-cultés qui se trouveront entre nous, ils travailleront à les lever, et feront en cela l'office de bons médiateurs, quoi-qu'engagés dans le parti contraire à Votre Majesté, et qu'alors je verrais qu'ils feraient encore plus qu'ils m'ont promis. » Ce n'était pas du tout pour obtenir ces services plus que problématiques que Louis XIV avait mis éven-tuellement Strasbourg fortifié à la merci des Allemands. Callières répondit que, « si le comte de Kaunitz avait un pouvoir de l'Empereur de traiter de la paix avec Sa Ma-jesté Très Chrétienne, il traiterait avec lui sur les condi-tions dont il serait convenu avec eux, et que, sans cela, il ne conférerait point avec lui. » On ne pouvait se mon-trer à la fois plus vigilant et plus correct. Provisoirement aussi, malgré les vives instances de ses deux interlocu-teurs, Callières déclina tout pourparler avec l'envoyé d'Angleterre, ne voulant pas reconnaître à l'avance son maître par cette voie indirecte. Il ajourna pareillement toute discussion avec eux-mêmes au sujet de la princi-pauté d'Orange (2).

Cette ferme attitude produisit aussitôt ses fruits. On n'ou-bliera pas d'ailleurs que, le 29 août, Victor-Amédée venait de faire ostensiblement sa paix particulière. Le lundi

---

1. Le Roi à Callières, 27 août 1696. — *Hollande*, t. 163.
2. Callières au Roi, 2 septembre 1696. — *Hollande*, t. 163.

3 septembre, « M. Heinsius, M. Dickfeldt et quelques autres
députés des États Généraux se rendirent à l'assemblée
des ministres des alliés qu'ils appellent Congrès..., et
M. le Pensionnaire Heinsius leur notifia, au nom des
États Généraux, que Sa Majesté Très Chrétienne, voulant
bien rendre Strasbourg en l'état qu'elle l'a occupé, sans
autre condition, ou en donner un bon équivalent..., l'obstacle qui empêchait d'entrer en négociation était levé ;
ainsi il était nécessaire de convenir incessamment du
lieu et du temps d'entrer en conférence avec M. de Callières... Les alliés étant engagés à accepter la médiation
du roi de Suède en cas que Sa Majesté Très Chrétienne
voulût bien rétablir les traités de Westphalie et de Nimègue, et, le cas étant arrivé, les États Généraux avaient
donné ordre à leur envoyé de Stockholm de déclarer
qu'ils l'acceptaient pour traiter (1). » Le 29 du même
mois, les mêmes États Généraux délivrèrent à Boreel et à
Dykvelt les pouvoirs nécessaires « pour conférer sur tous
les points qui, de part ou d'autre, seront jugés devoir
être ajustés avant que d'entrer en négociation générale
de paix, d'aplanir les difficultés qui s'y rencontreront,
d'en traiter, convenir et conclure (2). » Malheureusement,
les plénipotentiaires hollandais, en échangeant leurs pouvoirs avec Callières, lui firent remarquer que les États
Généraux n'avaient pas promis d'empêcher l'Empereur
et les autres alliés d'adresser à la France des demandes
en dehors des traités de Westphalie, de Nimègue et de
Ratisbonne, fondements acceptés de la paix future, mais
seulement de ne point soutenir les demandes qui seraient
déraisonnables et injustes. Callières, après avoir relaté
cet incident, le commentait ainsi :

« Je crois, Sire, avoir pénétré le but de ces discours, et je
juge qu'ils les ont faits pour me préparer à la demande que le
comte de Kaunitz ne manquera pas de me faire de la renon-

---

1. Callières au Roi, 6 septembre 1696. — *Hollande*, t. 164.
2. *Hollande*, t. 162.

ciation de Votre Majesté et de celle de Monseigneur à la succession du roi d'Espagne sur la grande alarme que lui a causée le péril où a été ce roi. Mais, comme ils ne s'en sont pas expliqués, je n'ai pas voulu entendre ce qu'ils me voulaient dire et je suis demeuré ferme à leur déclarer que je ne pouvais consentir qu'on me fît des demandes hors des traités de Westphalie et de Nimègue. Ils m'ont encore répliqué que ces demandes ne m'engageraient pas à les accorder, et je leur ai reparti que, quoique j'aie le droit de les refuser, si je consentais que l'on m'en fît, cela pourrait donner quelque espérance à ceux qui les feraient que j'en pourrais accorder quelqu'une, ce qui ne servirait qu'à prolonger la négociation par des disputes sans fin. Ils m'ont paru embarrassés de cette exclusion d'écouter d'autres propositions que celles des traités de Westphalie et de Nimègue, et ils m'ont dit qu'ils en feraient rapport à leurs supérieurs et qu'ils craignaient que cela n'arrêtât notre négociation, parce que le ministre de l'Empereur ne veut pas se départir de cette faculté. J'ai cru qu'il était nécessaire que je leur montrasse de la fermeté dans ce refus, afin que les Impériaux fussent plus traitables sur le reste, pour obtenir cette renonciation de Votre Majesté, à laquelle elle n'est pas obligée par les traités de Westphalie et de Nimègue, et, comme cet article est d'une grande conséquence, je crois qu'il ne faut m'en relâcher qu'à la fin de la négociation et à condition qu'on lèvera toutes les autres difficultés qui seront entre nous pour obtenir ce point principal (1). »

Le système de temporisation et d'exclusion provisoire recommandé par Callières fut tout à fait du goût de Louis XIV, qui, le 11 du même mois, revint, comme c'était son droit incontestable, sur ses premières intentions. Il lui fit en conséquence répondre de Fontainebleau :

« Évitez sur toutes choses de donner aucune espérance de ma renonciation et de celle de mon fils à la succession d'Espagne. Il n'en est fait aucune mention, ni dans le traité d'Aix-la-Chapelle, ni dans celui de Nimègue. Vous devez vous en tenir aux termes de ces deux traités, rappelant, comme il est porté dans l'article 8 du premier, le traité des Pyrénées, et, si

---

1. Callières au Roi, 4 octobre 1696. — *Hollande*, t. 164.

l'on vous fait quelqu'autre demande sur ce sujet, vous le rejet-
terez comme n'ayant point d'ordre de ma part sur une proposition
aussi nouvelle (1). »

Callières, à qui cet ordre fut réitéré le 23, ne put cacher
au Roi la satisfaction que lui causaient l'assentiment et
l'encouragement donnés aux suggestions de sa prudence
personnelle.

« J'ai vu avec plaisir ce que Votre Majesté m'ordonne de ne
donner aucune espérance de sa renonciation et de celle de
Monseigneur à la succession du roi d'Espagne. Quoique cet
article de mon Instruction fût fort capable de faciliter la conclusion de la paix (2), je me suis toujours proposé de le laisser
pour-le dernier et de faire tous mes efforts pour le rejeter.
Cependant je ne doute pas que les ministres de l'Empereur ne
m'en fassent la demande, comme ils ont fait dans les conférences
de Diesenhoven. Mais, comme je n'y étais pas, je suis en droit
d'ignorer et de désavouer tout ce qui a été négocié, et les espérances qui en furent données alors au sieur Seyler, qui y était
envoyé de la part de Sa Majesté impériale (3). »

Le 4 novembre, Callières annonça l'intention de per-
sister dans cette attitude passive, le cas échéant.

« J'ai appris que l'Empereur veut envoyer ici le sieur Seyler,
sans doute pour renouveler la demande qu'il fit à Diesenhoven
de la renonciation de Votre Majesté et de Monseigneur à la
succession, et alléguer qu'on la lui a promise au nom de
Votre Majesté. Mais, comme je ne lui ai rien promis, s'il vient
ici, je m'embarrasserai peu de ses demandes et de ses longs

---

1. Le Roi à Callières, 11 octobre 1696. — *Hollande*, t. 164.

2. Vers la fin de l'Instruction de Callières, à droite, en marge d'un
verso, on lit cette addition : « Enfin rien ne peut mieux marquer le désir
sincère qu'a Sa Majesté de procurer le rétablissement du repos de l'Europe
que de renouveler, comme elle veut bien faire, par le traité qui interviendra,
la renonciation qu'elle a cy-devant faite, tant pour elle que pour Monseigneur
et pour ses successeurs, à tous les pays et États de la succession d'Espagne,
et ledit sieur de Callières observera de rendre cette renonciation pure et
absolue, sans la déterminer en faveur d'aucuns de ceux qui peuvent y être
appelés. » — *Hollande*, t. 163.

3. Callières au Roi, 18 octobre 1696. — *Hollande*, t. 164.

« Mémoires » à la mode des docteurs allemands, et je répondrai en peu de mots par des négatives bien conditionnées (1) »

En attendant que le Congrès se réunît pour commencer ses travaux officiels, Callières reçut l'ordre de sonder les Hollandais à propos de la succession d'Espagne. « Faites-moi savoir aussi », lui manda Louis XIV à la date du 17 janvier 1697, « ce que vous pourrez découvrir des sentiments des États Généraux sur l'état de la santé du roi d'Espagne et les mesures que vous croyez qu'ils prendraient, si Dieu disposait de ce prince. » Le 24, Callières résumait ainsi un long entretien qu'il venait d'avoir sur cette matière avec MM. Boreel et Dykvelt.

« Je fis tomber insensiblement la conversation sur la maladie du roi d'Espagne, afin de les faire parler là-dessus et de découvrir leurs sentiments en cas que ce prince vînt à manquer, pour pouvoir mieux satisfaire à l'ordre que Votre Majesté me donne... Sur quoi j'aurai l'honneur de dire à Votre Majesté que la dernière conversation que j'ai eue là-dessus me confirme dans le sentiment que j'en ai, sur plusieurs autres connaissances que j'ai acquises depuis que je suis dans ce pays, qui est que l'on désire ici que Votre Majesté ni l'Empereur ne deviennent les souverains de ce qui reste à l'Espagne des Pays-Bas catholiques, et que l'on y craindrait autant de les voir entre les mains de l'Empereur que dans celles de Votre Majesté, à cause des anciens droits de la maison d'Autriche sur les Provinces-Unies, qu'un Empereur d'Allemagne serait beaucoup plus en état de faire revivre qu'un roi d'Espagne, qui en est fort éloigné; qu'ainsi l'on désire que ce pays demeure uni à la Couronne d'Espagne possédée par un autre prince que l'Empereur, ou qu'il y ait un souverain particulier, comme était l'archiduc Albert ou l'infante Isabelle-Claire-Eugénie. Ils croient dans ce dernier cas qu'il y a deux princes qui leur conviendraient: l'un est le fils de l'Électeur de Bavière, comme étant petit-fils d'une infante d'Espagne ; l'autre est Mgr le duc d'Anjou, ou Mgr le duc de Berry, à condition qu'en cas de défaut de la lignée sa succession irait toujours à un cadet de la maison de France, et que les Pays-Bas catholiques ne pourraient être unis à la Couronne. Voilà

---

1. Le Roi à Callières, 4 novembre 1696. — *Hollande*, t. 164.

quant à ce qui les touche de plus près pour la conservation de leur État.

A l'égard du corps de la monarchie d'Espagne, ils souhaitent qu'elle demeure séparée, comme elle est, de l'Empire, et qu'elle passe pour cela, ou à l'archiduc, ou au prince électoral de Bavière, ou même à Mgr le duc d'Anjou, ne les trouvant point éloignés de ce dernier sentiment, dans l'opinion qu'ils ont qu'un prince de France, étant roi d'Espagne, deviendrait bon Espagnol, et que les Espagnols sont sur cela du même sentiment.

M. Dickfeldt me fit hier là-dessus le récit d'une conversation qu'il avait eue en Angleterre avec don Pedro Ronquillo, ambassadeur d'Espagne, dont je dois rendre compte à Votre Majesté, quoiqu'elle ait quelque chose de comique. Il me dit que, lorsque la feue reine d'Espagne vivait, les ennemis de la France firent courir le bruit que la stérilité venait d'elle, et qu'avant de partir de France ses médecins lui avaient donné quelques breuvages qui l'avaient échauffée et avaient empêché sa fécondité ; que, sur cela, cet ambassadeur d'Espagne, qui, à ce qu'il dit, avait beaucoup d'esprit, lui dit qu'il ne pardonnerait pas aux Français de la leur avoir donnée en cet état, mais que lui et tous les bons Espagnols leur auraient été fort obligés, s'ils la leur avaient donnée grosse. Sur quoi, lui, Dickfeldt, lui répondit que les Espagnols haïssaient trop les Français pour en vouloir être gouvernés par un duc de cette nation, et que l'ambassadeur d'Espagne lui répliqua que, s'ils avaient un jeune prince français, ils le rendraient bientôt bon Espagnol et ne se mettaient pas en peine de lui faire oublier sa nation.

M. Borel me dit ensuite que le cas n'était peut-être pas éloigné et qu'il avait vu depuis deux jours une lettre de Bruxelles qui porte que le roi d'Espagne était fort mal, que l'on avait là-dessus arrêté le courrier ordinaire de Madrid à Bruxelles, où il devait arriver vendredi, et n'y était pas encore arrivé lundi dernier, ce qui faisait appréhender quelque mauvaise nouvelle de ce pays-là ; que la même lettre disait que plusieurs grands d'Espagne inclinaient pour Mgr le duc d'Anjou et prenaient même des assurances avec Votre Majesté là-dessus, et qu'on croyait à Bruxelles que Votre Majesté avait envoyé à Madrid un ministre secret pour traiter avec eux. Sur quoi, l'un et l'autre ne me témoignèrent point être éloignés de croire que cela ne pût réussir et ne me firent point connaître que l'on l'appréhendât en ce pays-ci.

Je ne leur dis rien là-dessus qui pût leur faire connaître mes

sentiments, et je connus assez des leurs pour croire que, le cas
de la mort du roi d'Espagne arrivant, ils pourraient prendre des
mesures avec Votre Majesté pour empêcher que l'Empereur ne
réunît en la personne du roi des Romains toute la succession
de la maison d'Autriche et qu'à l'égard des Pays-Bas ils incline-
raient à la faire tomber à un prince particulier (1). »

Quoiqu'il ne fût pas destiné à produire sur-le-champ
des résultats positifs, cet entretien n'en contenait pas
moins des idées qui devaient germer, ou plutôt achever
de mûrir, dans l'esprit de Louis XIV. Quelques jours
plus tard, le 4 février, la médiation suédoise était enfin
acceptée par tous les belligérants, sauf l'Espagne, et, le
25, des instructions furent remises aux trois diplomates
investis de l'honneur de défendre à Ryswick la cause de
la France, MM. de Harlay-Bonneuil, Callières et Crécy.
Ces instructions concernaient surtout les intérêts des
Hollandais et des Allemands. Un passage cependant
faisait allusion à la succession d'Espagne, que l'Empereur,
le mois précédent, avait cherché à se faire assurer, au
Congrès, à lui tout seul et tout entière, par un article
secret (2). Louis XIV, au contraire, encouragé par les
récents événements, qui avaient bien tourné pour lui,
ainsi que par la présence de 150 mille hommes de ses
troupes dans les Pays-Bas, faisait un notable pas en arrière
dans la voie des concessions. Il n'entendait plus abandonner l'héritage de Charles II, fût-ce au profit d'un tiers.
Il prétendait que l'avenir demeurât entièrement réservé,
et prenait même soin d'indiquer à ses trois fondés de
pouvoirs comment ils devaient s'y prendre pour le dégager
de son acquiescement conditionnel, et, en tout cas,
périmé.

« Il est nécessaire d'expliquer aux sieurs plénipotentiaires
que Sa Majesté ne veut entrer dans aucune négociation avec ce
prince (l'Empereur) sur les vues de la succession d'Espagne...

---

1. Callières au Roi, 24 janvier 1697. — *Hollande*, t. 165.
2. Kinsky à Kaunitz, 15 janvier 1697. Cité par Gaedeke, t. 1, p. 123.

Le sieur Seyler prétendra peut-être tirer avantage de l'espérance donnée d'une renonciation aux droits de Mgr le Dauphin dans les conférences qui se tinrent en Suisse. S'il voulait en ce cas prendre le sieur de Crécy à témoin de ce qui s'y est passé, il pourra lui répondre que la première condition de ces conférences avait été l'observation d'un secret inviolable ; que, si le sieur Seyler y manque, il va découvrir aussi que l'Empereur traitait alors pour lui seul, et qu'offrant de se détacher de ses alliés Sa Majesté lui aurait accordé des conditions beaucoup plus avantageuses que celles qu'il peut espérer dans un traité général (1). »

IV.

L'éventualité, contre laquelle Louis XIV songeait par avance à se défendre, ne se présenta pas au début des conférences, début qui d'ailleurs se trouva retardé jusqu'au 9 mai suivant. En réalité, ce Congrès, si célèbre qu'il puisse être, ne fut jamais qu'une simple apparence, un vrai fantôme de Congrès. Comme l'écrivait à Versailles notre modeste agent de Venise, l'Europe était persuadée que les « Hollandais avaient fait leur paix particulière avec la France dès le mois d'octobre passé (2). » A tout prendre, pendant qu'en Hollande on amusait la galerie à l'aide de réunions solennelles, c'était à Madrid même et à Vienne que se débattait alors, avec la paix, la compétition relative à l'héritage de Charles II. Ce qui remplit et absorba les premières séances du Congrès, ce furent surtout, outre le point déjà à peu près convenu de la reconnaissance du roi d'Angleterre, les prétentions aussi nombreuses qu'inadmissibles de Léopold. Il exigeait la Lorraine, le duché de Bouillon, en un mot il voulait remonter au delà du traité de Nimègue. Nous n'avons pas à le suivre ici dans sa résistance opiniâtre à tous les efforts que prodiguaient autour de lui les amis de la paix. Disons seulement que le mois de juin se trouva perdu en

---

1. *Hollande*, t. 172.
2. Delahaye au Roi, 1er juin 1697. — *Venise*, t. 122, fol. 139.

stériles entretiens, et ces entretiens eussent pu continuer
fort longtemps encore, si Guillaume III, de moins en
moins confiant dans le succès de ses armes (1), ne s'était
décidé dès le commencement de juillet à brusquer les
choses. Nous nous étendrons sur cet épisode, non-seule-
ment parce que jusqu'ici on n'en a peut-être pas compris
toute l'importance et que M. Grimblot n'a donné les
pièces qu'en anglais, mais surtout parce que la négociation
exclusivement personnelle du rival de Louis XIV nous
permettra de toucher du doigt les causes souvent bien
mesquines de cette rivalité, si funeste au monde.

Il est intéressant d'observer d'abord, vers la fin de
mai 1697, l'état d'esprit, et de saisir, avec toute la netteté
possible, les arrière-pensées de Guillaume dans sa correspondance confidentielle avec Heinsius. Il ne lui dissimu-
lait pas qu'en Angleterre tout le monde désirait la paix,
« sans aucune exception (2). » Le 30 mai, de son camp
d'Yseghem, il accusait amèrement la France de ne
la pas souhaiter, de ne chercher au fond qu'à conquérir
dans les Pays-Bas des places nouvelles, de vouloir imposer à main armée toutes ses prétentions au Congrès. Il n'y
avait plus, selon lui, qu'à se retirer d'une pareille Assemblée (3). Le 10 juin, Guillaume affirmait encore que notre
unique dessein était de gagner du temps pour mieux
mettre à profit la fortune de nos armes (4). Le 17, il continuait à se lamenter sur les intolérables lenteurs de la
discussion, et déclarait que, tout compte fait, il valait
mieux rompre décidément (5). Mais, dans cette même
lettre, avec une franchise presque brutale, il confessait

---

1. Nous donnerons à l'*Appendice* une pièce de vers satirique de « Mercure » sur la stratégie prudente, mais bizarre, de Guillaume III.

2. *Geen wytgesonder.* — Guillaume III à Heinsius, 2-12 avril 1697. —
Het Archief van Heinsius, t. 3, p. 236.

3. Guillaume III à Heinsius, 30 mai 1697. — *Het Archief van Heinsius*,
t. 3, p. 239.

4. Guillaume III à Heinsius, 10 juin 1697. — *Het Archief van Heinsius*,
t. 3, p. 241.

5. Guillaume III à Heinsius, 17 juin 1697. — *Het Archief van Heinsius*,
t. 3, p. 241.

que pour l'Angleterre, c'est-à-dire pour lui-même, le point
essentiel, l'article *sine quâ non* de la paix, c'était l'assurance formelle que jamais la France, ni directement ni
indirectement, ne soutiendrait la cause de Jacques II (1)
Tant qu'il n'aurait pas obtenu cette assurance, il n'osait
se compromettre irrémissiblement vis-à-vis de ses alliés
d'outre-Rhin. Or Louis XIV, tout en ayant consenti depuis longtemps à reconnaître l'usurpateur, avait, comme
on l'a vu, subordonné cette reconnaissance à la signature
de la paix. En second lieu, il avait évité de prendre des
engagements bien nets au sujet du roi détrôné. A tout
prix, Guillaume III, n'attendant plus rien de son génie
militaire ou du hasard, voulut savoir à quoi s'en tenir
sur ces deux points, si graves pour ses intérêts. Le 28
juin, il était venu à Bruxelles rendre ses hommages à
l'Électrice (2). Avant de recevoir Heinsius dans son camp
de Koeckelberg (3) le 2 juillet (4), il mit en action son
familier Portland (5) pour se procurer le moyen de traiter secrètement avec le maréchal de Boufflers, qui, en
compagnie de Villeroy, commandait à ce moment nos
forces dans la région. Portland avait réussi à s'aboucher
avec l'écuyer du duc d'Elbeuf, ainsi qu'avec un gentilhomme du pays, ayant facilement accès auprès de Boufflers, M. de Giey. Voici comment le maréchal raconta au
Roi leur première démarche.

---

1. « *Ick meen dat UEd. op de reghte wegh heeft gebraght de negotiatie tus-
schen de Franssen en my, en dat men op dien voet moet voortgaen ende afwagh-
ten wat expedient by haar sal werden voorgeslagen om verseeckert te syn dat
nae de vreede sy Con. Jacob nogh direct nogh indirect sullen assisteeren ;
want sonder dat weet UEd. dat met Engelandt geen vreede is te maecken.* »
Guillaume III à Heinsius, 17 juin 1697. — *Het Archief van Heinsius*, t. 3,
p. 241.

2. *Relations véritables*, année 1697, p. 424.

3. Dans la banlieue immédiate de Bruxelles.

4. *Relations véritables*, année 1697, p. 432.

5. William, comte *(earl)* de Portland, était le troisième fils de Henri
Bentinck, seigneur de Dissenham et Overyssel, ce qui lui fera donner indis-
tinctement l'un ou l'autre des deux noms. Celui de Bentinck est employé
surtout comme marque de l'illégitimité provisoire du « prince d'Orange. »

« Lesdits sieurs de Gaugy et de Giey étant revenus de leur voyage et de leur commission, le sieur de Giey me dit qu'il avait vu mylord Portland, lequel l'avait chargé de me faire beaucoup de compliments de sa part, et de me dire qu'il serait ravi de pouvoir m'entretenir seulement une demi-heure, qu'il ferait volontiers les deux tiers du chemin pour cela, et qu'il le priait de lui rendre réponse et de ne parler de cela uniquement qu'à moi. J'ai fait part de tout ce que dessus à M. le maréchal de Villeroy pour savoir son sentiment. Il a cru comme moi que e devais avoir l'honneur de rendre compte à Votre Majesté par un courrier exprès de cette conversation du sieur de Giey avec mylord Portland et de la commission dont ledit mylord l'a chargé pour moi ; et, comme j'ai été bien aise avant cela de m'expliquer avec le sieur de Giey pour savoir si ce n'était point un simple compliment pour moi de la part de mylord Portland, ou si c'était une commission, il m'a dit positivement que c'était une commission, et me l'a certifié par écrit, ainsi que Votre Majesté le verra par le « Mémoire » ci-joint (1), signé dudit sieur de Giey (2). »

Le Roi, le 2 juillet, autorisa l'entrevue, qui eut lieu le 8, dans l'après-midi.

« Je viens dans ce moment du rendez-vous de mylord Portland et de l'entretien que j'ai eu avec lui pendant près de deux heures au village de Brucom à un quart de lieue de Hall. Et, comme c'est un détail très long à faire, je remets à avoir l'honneur d'en rendre compte demain à Votre Majesté par un autre courrier exprès. Tout ce que je puis avoir l'honneur de dire présentement à Votre Majesté, c'est que ledit mylord Portland m'a parlé par ordre de M. le prince d'Orange pour me faire connaître la sincérité avec laquelle il désire la paix, et pour que j'aye l'honneur d'en assurer Votre Majesté, m'ayant dit positivement que, pourvu qu'on lui donne satisfaction sur les choses qui le regardent en particulier (j'entends M. le prince d'Orange) il obligera l'Empereur et les Espagnols à faire la paix, étant de sa part, aussi bien que les États Généraux, content des offres que Votre Majesté a faites pour les préliminaires, et que, si

---

1. Ce « Mémoire » manque.

2. Le maréchal de Boufflers au Roi, camp de Sainte-Renelle, 1ᵉʳ juillet 1697. — *Dépôt de la Guerre*, t. 1402, pièce 4.

l'Empereur et les Espagnols s'opiniâtrent à refuser la paix, il la fera sans eux conjointement avec les Hollandais.

J'aurai l'honneur d'expliquer par le courrier de demain au soir à Votre Majesté les points qui regardent M. le prince d'Orange, et tout le détail de la conversation que j'ai eue avec mylord Portland (1). »

La lettre du lendemain commençait ainsi :

« J'ai eu l'honneur, Sire, de mander à Votre Majesté par ma lettre d'hier au soir l'entrevue que j'ai eue hier après-midi avec mylord Portland et que j'aurais l'honneur de lui en faire aujourd'hui un plus grand détail.

Pour y satisfaire, j'aurai l'honneur de dire à Votre Majesté qu'ayant agréé par la lettre dont il lui a plu de m'honorer le deuxième de ce mois que je donnasse un rendez-vous audit mylord Portland, suivant la réquisition réitérée qu'il m'en avait faite par le sieur de Giey, gentilhomme du pays, je renvoyai le septième de ce mois ledit sieur de Giey à Bruxelles, pour dire audit mylord Portland que, suivant le désir qu'il m'avait témoigné de me voir et de m'entretenir, il pourrait, s'il le désirait, se trouver le huitième à deux heures après-midi près de Hall avec une escorte de 50 maîtres, qu'il laisserait à un quart de lieue dudit Hall, auquel lieu de Hall je me trouverais à la même heure, et qu'il pourrait, s'il le jugeait à propos, s'y rendre aussi, ou que nous nous verrions sur la hauteur dudit Hall.

Je reçus hier sur les sept heures du matin par un trompette de M. de Vaudemont la lettre ci-jointe dudit sieur de Giey, suivant laquelle je lui envoyai par le même trompette le passeport dont la copie est ci-jointe (2).

Je me rendis à Hall sur les deux heures pour y attendre des nouvelles du sieur de Giey. J'y avais envoyé à l'avance le lieutenant de mes gardes, avec dix ou douze de mes gardes, avec ordre, aux environs d'une heure après-midi, d'aller au village de Brucom, lieu du rendez-vous, pour le bien fouiller partout, en voir tous les revers, crainte de supercherie, et y attendre le sieur de Giey et sa suite pour m'en donner avis à Hall.

---

1. Boufflers au Roi, post-scriptum, 8 juillet, 7 heures du soir, au camp de Sainte-Renelle. — *D. G.*, t. 1402, p. 74.

2. Ce passeport, daté du 8 juillet, se trouve en minute au *Dépôt de la Guerre*, t. 1402, p. 75.

J'avais, outre cela, envoyé 50 carabiniers, 50 maîtres et 50 dragons sur la hauteur dudit Hall, comme des gardes ordinaires, lequel lieu de Hall nous occupons tous les jours par 300 hommes de pied comme un poste avancé, et j'avais prié M. le marquis de Pracontal de se tenir à la tête de la cavalerie ci-dessus mentionnée, et d'envoyer de temps en temps quelques officiers au village de Brucom pour savoir des nouvelles du lieutenant de mes gardes.

Mylord Portland ne manqua, suivant les termes de la lettre du sieur de Giey, de se rendre audit village précisément à deux heures avec ledit sieur de Giey, le trompette que je lui avais donné et six ou sept hommes de ses propres domestiques. M. de Pracontal, en ayant été averti par le lieutenant de mes gardes, alla joindre, de sa personne seulement, mylord Portland, et lui dit qu'il m'allait faire avertir à Hall de son arrivée.

Dès que j'en eus avis, je montai à cheval et allai au village de Brucom distant de Hall d'un petit quart de lieue, accompagné de M. le comte de Tallard, de M. le comte de Gacé, de M. le duc de Guiche, et de plusieurs autres officiers généraux et particuliers, et suivi de mes gens et de mes gardes, sans aucunes troupes.

Aussitôt que mylord Portland fut averti que j'approchais, il vint au-devant de moi avec beaucoup d'empressement et d'honnêteté. Je le reçus de même, et lui nommai tous ces messieurs qui étaient avec moi. Après quelques compliments de part et d'autre, nous mîmes pied à terre dans un verger ; et, tout le monde s'étant éloigné hors de portée de nous entendre, ledit mylord, après quelques renouvellements d'honnêtetés réciproques et m'avoir témoigné tous les sentiments avantageux que M. le prince d'Orange avait de moi, ne tarda pas d'entrer en matière, en me disant que M. le prince d'Orange ne pouvait me donner une plus grande marque de la bonne opinion qu'il avait de moi que par l'ordre qu'il lui avait donné de me parler sur les difficultés qui retardent la conclusion de la paix, croyant par les marques d'estime et de confiance dont Votre Majesté m'honore que cette voye serait plus courte pour les aplanir que les conférences de Ryswick.

Je lui fis connaître sur cela que je n'avais nul ordre de Votre Majesté et qu'ainsi je ne pouvais me charger de rien ; que, sur le désir qu'il m'avait fait témoigner par le sieur de Giey de me voir et de m'entretenir, j'avais cru pouvoir prendre sur moi de lui donner un rendez-vous, et que j'osais espérer que Votre

Majesté ne le trouverait pas mauvais ; que, cependant, puisqu'il me parlait par ordre de M. le prince d'Orange, j'aurais l'honneur de rendre compte à Votre Majesté de notre entretien et que je lui ferais savoir ensuite, c'est-à-dire à mylord Portland, ce que Votre Majesté m'aurait fait l'honneur de me mander.

Il me répondit sur cela avec beaucoup de politesse et d'esprit qu'il était trop persuadé des bontés que j'avais pour lui pour ne pas croire que, depuis le temps qu'il m'avait fait témoigner désirer de me voir et de m'entretenir, je n'eusse bien voulu lui donner plus tôt le rendez vous que je lui avais accordé, si je n'avais voulu auparavant en rendre compte à Votre Majesté et attendre ses ordres ; que, cependant, sans entrer sur cela dans une plus grande discussion, il ne laisserait pas de me parler de même que s'il était assuré que je fusse muni des ordres de Votre Majesté.

Il commença par me dire que M. le prince d'Orange avait une douleur sensible de ce que, malgré ses sincères intentions pour la paix, tout le monde, et en particulier les plénipotentiaires de Votre Majesté et leurs émissaires, s'efforçaient de faire entendre qu'il était le seul qui la reculait et qui s'y opposait, et qui faisait agir sous main l'Empereur et les Espagnols pour y former des difficultés ; que cela était très contraire à la vérité et à ses intentions ; qu'il trouvait très raisonnable ce que Votre Majesté a offert par les préliminaires ; qu'il trouvait les demandes et les difficultés formées de la part de l'Empereur et des Espagnols très déraisonnables, et que, pour faire voir la vérité de ses bonnes intentions sur la paix, si on voulait en son particulier (j'entends M. le prince d'Orange) lui donner les satisfactions qu'il a lieu de demander, et lui donner les mêmes sûretés que nous désirons de notre part pour une bonne paix solide et de bonne foi et de durée, il se chargera de faire consentir l'Empereur et les Espagnols aux conditions que Votre Majesté a offertes par les préliminaires, et que, s'ils s'opiniâtrent à le refuser, il fera sans eux la paix avec Votre Majesté, pour la Hollande et l'Angleterre.

Les difficultés qui regardent le prince d'Orange consistent, ce me semble, en trois points.

Le premier est que le prince d'Orange désire, au moyen de la paix qui se doit faire, et par laquelle Votre Majesté consent de le reconnaître pour roi d'Angleterre, qu'elle promette et s'engage de ne point favoriser directement ni indirectement le le roi Jacques contre lui. Les plénipotentiaires de Votre

Majesté conviennent, à ce que m'a dit mylord Portland, que Votre Majesté s'engagera et promettra de ne point favoriser directement ni indirectement les ennemis du prince d'Orange, reconnu roi d'Angleterre. Le prince d'Orange désire que l'on dise nommément le roi Jacques, parce que c'est un cas particulier, et que, tant que le roi Jacques restera en France, le prince d'Orange ne pourra douter qu'il n'ait un ennemi déclaré en France, lequel, étant à portée d'Angleterre, aura toutes sortes de facilités pour y former des partis et soulever les peuples contre lui, et qu'ainsi, au lieu de jouir de la paix qu'on aura accordée à toute l'Europe, ce sera un moyen pour lui faire à lui seul plus sûrement la guerre et le tenir toujours dans le trouble et l'agitation, pendant que tout le reste de l'Europe jouira de la douceur de la paix ; et que, tant que le roi Jacques sera en France, quoique le prince d'Orange soit très persuadé des bonnes intentions de Votre Majesté pour l'observation exacte de la paix et la rendre stable et durable, il y aura toujours lieu de soupçonner que, même contre les intentions de Votre Majesté, le roi Jacques tirera des secours de la France pour fomenter les troubles et les révoltes en Angleterre ; qu'ainsi il est absolument de la sûreté du prince d'Orange que Votre Majesté s'engage *nominatim* de ne favoriser directement ni indirectement le roi Jacques, et qu'il aille demeurer à Rome, ou ailleurs, hors de France, pour qu'il ne soit point à portée d'entretenir aucun party en Angleterre.

Que, si l'on a trop de répugnance à s'engager *nominatim* à ne point favoriser directement ni indirectement le roi Jacques, on peut chercher d'autres termes équivalents et qui donnent les sûretés que le prince d'Orange désire, qu'il y consentira, mais qu'il est indispensable pour ôter tout soupçon que le roi Jacques demeure hors de France.

Le second point est sur ce que l'on veut obliger par la paix le prince d'Orange à donner une amnistie générale à tous ceux qui ont suivi le parti du roi d'Angleterre, lesquels M. le prince d'Orange regarde comme des sujets rebelles et ses ennemis personnels, puisqu'il est reconnu roi d'Angleterre par le Parlement, et qu'outre cela l'on veut, au moyen de cette amnistie générale, qu'ils soient rétablis dans tous leurs biens. Il répond à ce dernier article, touchant le rétablissement dans leurs biens, que ce n'est pas une chose qui soit dans son pouvoir, quand il le voudrait ; que le Parlement d'Angleterre a passé un acte qui le défend très expressément, et qu'ainsi il ne peut pas aller contre les règles et les Constitutions de l'État ; que, quant à

l'amnistie générale, outre qu'il y va de son honneur et de sa
gloire de n'y être pas forcé par un traité de paix, il y va encore
de la sûreté de sa propre personne de ne point rappeler en
Angleterre des gens qu'il connaît pour ses ennemis personnels ;
mais que, lorsqu'il sera reconnu roi d'Angleterre et paisible possesseur par le traité de paix, il pardonnera volontiers de son
plein gré à ceux qui lui paraîtront vouloir revenir de bonne
foi et demeurer paisibles, en se comportant comme de bons et
véritables sujets, et qu'ainsi il ne peut jamais consentir à une
amnistie générale ni au rétablissement des biens, et qu'il ne
croit point raisonnable qu'on s'opiniâtre à l'y obliger.

Le troisième point est sur ce qu'on veut l'obliger à ne souffrir
aucun Français dans la ville et principauté d'Orange. Il dit que
ce serait en cela déroger au traité de Nimègue, qui en laisse
la liberté, et qu'il y va de sa gloire de ne point souscrire
à une condition si dure, et qui n'a point encore été mise en
usage dans aucun traité. Ainsi il souhaite qu'on ne lui impose
sur cela rien de nouveau et que l'on suive ce qui est porté
par le traité de Nimègue.

Voilà, Sire, ce que mylord Portland m'a dit et m'a prié
de lui en procurer au plus tôt une réponse sur laquelle M. le
prince d'Orange puisse prendre une résolution, ou pour la
prompte conclusion de la paix, ou pour la rupture des conférences, son intérêt particulier et celui des alliés souffrant consi-
dérablement par les espérances de la paix sans la conclure,
disant qu'un chacun se relâche et ne fait pas, à beaucoup près,
les efforts que l'on ferait sans cela, et que, quand on aura
perdu toute espérance de la paix et que les conférences seront
rompues, chacun tournera toutes ses vues et tous ses soins à
soutenir la guerre et aux moyens de parvenir ensuite à une
bonne paix.

Je lui ai dit sur cela que je ne pouvais nullement lui répondre du temps auquel je pourrais lui faire savoir ce que Votre
Majesté me ferait l'honneur de me mander...., et qu'ainsi, dès
qu'on voudrait rompre les conférences, Votre Majesté en
serait très aise, et qu'après que par là elle serait dégagée des
offres qu'elle a bien voulu faire, sans y être obligée par aucun
endroit, les alliés auraient peut-être de la peine dans la suite
à en obtenir de Votre Majesté d'aussi avantageuses.

A quoi ledit mylord Portland ne répondit rien que de très
doux et très honnête, disant toujours que le prince d'Orange
et les États étaient très contents des conditions dont Votre
Majesté a bien voulu convenir par les préliminaires, et m'ayant

encore répété que, pourvu que l'on voulût donner satisfaction
à M. le prince d'Orange sur les chefs qui le regardent, il se
chargerait d'obliger l'Empereur et les Espagnols à accepter la
paix aux conditions des préliminaires et sur le pied des traités
de Westphalie et de Nimègue, et que, s'ils persistaient à le
refuser, il ferait la paix sans eux.

Je ne sais si, dans tout ceci, M. le prince d'Orange agit de
bonne foi ou non. Mylord Portland s'est efforcé, par tout ce
qu'il a pu, de me le faire croire et de m'engager à en assurer
Votre Majesté, et tout ce qu'il m'a dit m'a paru très formel et
très positif, et ledit mylord Portland m'a dit que, dès que
j'aurais reçu la réponse de Votre Majesté et que je la lui aurais
fait savoir, il serait en état de me faire voir par effet la vérité
de tout ce qu'il m'a dit ; que je pourrais, tant que nous serions
en ces cantons-cy, me servir de la voye du sieur de Giey pour
lui donner de mes nouvelles.....

Mylord Portland m'a répété plusieurs fois qu'il serait inutile
à M. le prince d'Orange de songer à faire la paix tant qu'il ne
sera pas assuré d'en jouir chez lui, et que l'intention de Votre
Majesté sera *(sic)* de la rendre et maintenir stable et durable,
et qu'il sera bien difficile qu'il en soit bien certain, tant que
Votre Majesté ne lui donnera pas des assurances bien positives
et bien particulières que, directement ni indirectement, elle ne
favorisera en rien contre lui le roi d'Angleterre, qu'ils appellent
le roi Jacques, et qu'il sera bien difficile encore, tant qu'il
restera en France, qu'on puisse s'empêcher de croire que la
France ou les Français, contre les intentions mêmes de Votre
Majesté, ne favorisent sous main et indirectement le roi
Jacques et les dissensions qu'il fomentera en Angleterre. Il
paraît encore fort arrêté à ne point consentir de donner une
amnistie générale à ceux qui ont suivi le parti du roi d'Angleterre, et à les rétablir dans leurs biens, voulant se réserver une
liberté entière de faire sur cela ce qu'il jugera lui être convenable, tant pour la sûreté de sa personne que pour le maintien
du repos en Angleterre après la paix faite. Quant à ce qui
regarde la principauté d'Orange, pour y souffrir ou non des
Français, je ne sais de part ni d'autre si cette affaire serait assez
importante pour qu'elle rompît seule la conclusion de la paix...

Mylord Portland me lâcha un mot, je crois, à dessein, mais
de sa part, d'une manière toute simple, en me disant que, peut-
être, la paix étant une fois bien conclue et les esprits calmés,
Votre Majesté ne serait pas fâchée d'avoir un allié, comme M. le
prince d'Orange, et que, pour lors, elle le trouverait aussi fidèle

et aussi religieux pour les intérêts de Votre Majesté qu'il y a été jusqu'à présent contraire. Comme je compris la délicatesse et l'importance de ce propos, je n'y répondis chose au monde, et le laissai tomber, comme si je ne l'avais point entendu, et cela demeura tout court...

Mylord Portland passe pour homme fort sage, fort droit et fort effectif *(sic)*. Il m'a fort assuré que, s'il n'était pas bien certain des bonnes intentions de M. le prince d'Orange pour la paix et pour l'exécution de ce qu'il m'a dit par son ordre, il se serait bien gardé de prendre la commission de me le dire, et qu'ainsi on peut s'assurer qu'en lui donnant les satisfactions qu'il désire il fera faire la paix, ou la fera séparément de l'Empereur et des Espagnols.

Comme cette entrevue de mylord Portland s'est faite en présence de beaucoup de monde, il ne faut pas douter qu'elle ne fasse beaucoup d'éclat, et ne donne lieu à beaucoup de raisonnements. Je n'ai manqué de faire entendre à tout le monde que c'est lui qui m'a demandé avec empressement un rendez-vous pour me voir et me renouveler ses honnêtetés, l'ayant connu particulièrement lors de ma détention à Namur. Il m'a dit de même que, lorsqu'on lui en parlera pareillement à l'armée des alliés, il dira pareillement *(sic)* que c'est lui qui m'a demandé un rendez-vous (1). »

Ajoutons encore à ce rapport explicite un billet, écrit à part, mais qui porte la même date.

« Il m'a paru en gros, supposé que le prince d'Orange n'ait pas intention de faire la paix, et que tout ce qu'il m'a fait dire, quoique très formel et positif, ne soit pas de bonne foi, qu'un des avantages qu'il prétend de tirer de la conversation de mylord Portland avec moi est de persuader les Hollandais et les alliés que, si la paix ne se fait pas, ce n'est point sa faute, cherchant tous les moyens qu'il croit les plus propres et les plus prompts pour y parvenir, et faisant pour cela toutes sortes d'avances.

Mais le principal, à mon sens, est de donner de l'inquiétude et de la jalousie aux Hollandais, en leur faisant craindre que, par une négociation secrète, on ne prenne des liaisons avec le prince d'Orange contraires à leurs intérêts et les empêcher *(sic)*

---

1. Boufflers au Roi, 9 juillet 1697, au camp de Sainte-Renelle. — *Hollande*, t. 172. Ce n'est qu'une copie.

par là de prendre eux-mêmes aucuns engagements ni aucunes liaisons avec Votre Majesté (1). »

Nous n'avons pas réussi à découvrir dans nos Archives ministérielles la réponse directe à ces lettres, qu'on trouvera d'ailleurs en anglais dans la publication de M. Grimblot (2). Mais nous avons peut-être mieux à offrir au lecteur. Ce sont des extraits que nous emprunterons aux dépêches royales écrites à l'intention de nos plénipotentiaires de Ryswick, ou plutôt de Delft. Ces extraits ne nous montreront pas seulement en effet ce que pensa et ce qu'ordonna Louis XIV au fur et à mesure des révélations de Boufflers. Ils nous feront voir par surcroît, au moins aussi clairement que le pourraient faire les instructions courantes adressées au maréchal, le contre-coup exercé de Hal à Versailles sur la marche des affaires générales. Commençons par la dépêche du 11 juillet.

« Vous jugerez aisément, par la connaissance que vous avez de mes intentions sur toutes ces propositions, que mes réponses sont semblables à celles que je vous ai ordonné de faire, mais il est nécessaire de vous instruire plus en détail de la conduite que je prescris au maréchal de Boufflers de tenir avec le sieur Benting.

Je lui écris de faire savoir à ce dernier qu'il a reçu ma réponse sur le compte qu'il m'a rendu de leur conférence, qu'il est prêt à convenir avec lui d'une nouvelle entrevue et de lui expliquer mes sentiments.

Elle sera promptement acceptée, si je puis juger de l'impatience du prince d'Orange par celle que le sieur de Benting a témoignée d'avoir ma réponse, car il est nécessaire que vous

---

1. Boufflers au Roi, 9 juillet 1697. — *D. G.*, t. 1402, p. 40.

2. M. Grimblot dit (p. 6 de sa préface) : « *The letters of Louis XIV and marshal Boufflers were extracted from the Archives of the war office at Paris.* » Nous ne savons comment il faut au juste interpréter le mot *extracted.* Le fait est que nous n'avons pas retrouvé ces lettres à leur place régulière et chronologique, c'est-à-dire dans le t. 1402. Nous avons feuilleté également en vain les t. 1399, 1401 et 1403, intitulé sur le dos de la couverture : *Paix de Ryswick,* mais qui commence seulement au mois de septembre. Il est à noter que des remaniements ont été, il y a fort longtemps, opérés entre ces volumes, et que les numéros des pièces ont subi presque tous des modifications.

sachiez qu'il s'est expliqué que son maître attend l'éclaircissement de mes intentions sur ces trois articles pour conclure la paix ou pour rompre les conférences; qu'il est persuadé que son intérêt et celui de ses alliés l'obligent également à ne pas permettre qu'elles subsistent plus longtemps, si les apparences à la conclusion de la paix ne sont très prochaines ; que l'espérance de son retour suspend les efforts que la Ligue ferait pour la continuation de la guerre, et qu'ils se renouvelleront aussitôt que la rupture des conférences fera voir que le sort des armes est seul capable de décider des conditions du traité.

Il est inutile de vous dire que le maréchal de Boufflers a répondu à cette dernière instance de la manière qui convenait le plus à ma dignité. Ainsi je vous informerai seulement des ordres que je lui donne.

Je veux premièrement qu'il réponde honnêtement aux assurances que le sieur de Benting lui a données de l'empressement du prince d'Orange à mériter le retour de mes bonnes grâces ; qu'il lui fasse connaître pour cet effet que j'aurais souhaité que ce prince m'eût procuré les mêmes occasions, que les rois mes prédécesseurs ont eues, de marquer leur affection particulière pour sa maison ; que, quoiqu'elles aient été éloignées par les engagements opposés qu'il a suivis, il doit être persuadé que je n'ai pu le voir à la tête d'une aussi puissante Ligue que celle qui s'est formée contre moi sans avoir pour lui toute l'estime que la déférence des principales puissances de l'Europe à ses sentiments semble exiger ; que même sa persévérance dans des liaisons contraires à mes intérêts me donne lieu de croire que celles que le bien de l'Europe veut que je contracte présentement avec lui seront également constantes.

Que les conditions que j'ai offertes pour le rétablissement de la paix font assez voir que je préfère la tranquillité publique à mes propres avantages ; que je les ai sacrifiés en abandonnant un aussi grand nombre de places et aussi importantes que le sont celles que j'accorde à mes ennemis ; qu'à la vérité ils ont trouvé en moi des facilités qu'ils ne devaient pas espérer, lorsqu'il n'a été question que de mes seuls intérêts, mais que l'honneur dont les rois doivent être si jaloux ne peut souffrir la moindre attaque ; que ceux qui veulent traiter sincèrement ne doivent pas même le tenter ; qu'il est blessé par la proposition qu'on me fait de nommer précisément dans le traité et de m'engager à faire sortir de mon royaume un roi qui n'a trouvé d'asile qu'auprès de moi et d'adoucissement à ses disgrâces que dans la manière dont je l'ai reçu ; que mon attention pour lui doit au contraire assurer le prince d'Orange de la solidité de mon amitié pour ceux à qui je l'accorde, et du fondement certain qu'il doit faire sur ce que je lui aurai promis, lorsqu'il sera rentré dans mes bonnes grâces.

Que, comme je suis persuadé de la sincérité des assurances qui me sont données de sa part, il doit l'être aussi que mes sentiments y répondent parfaitement, et, comme le sieur Benting a témoigné craindre que, tant que le roi d'Angleterre serait dans mon royaume, il en tirerait aisément des secours, même contre mes intentions, pour favoriser les pratiques secrètes de ceux qui sont encore attachés à son parti, j'ordonne au maréchal de Boufflers de faire voir la faiblesse de cette objection.

L'obéissance et la soumission de mes peuples, reconnue de toute l'Europe, détruit aisément une pareille proposition. Lorsque je voudrai empêcher mes sujets de secourir le roi d'Angleterre, pas un n'aura la pensée de le faire, et je le voudrai certainement, quand je promettrai, comme je m'engage à le faire, de n'assister, directement ni indirectement, les ennemis du prince d'Orange sans aucune exception.

Enfin, lorsque le maréchal de Boufflers aura fait voir au sieur de Benting qu'il est impossible d'obtenir de ma part aucun changement sur cet article, il lui déclarera que, si le prince d'Orange ne se relâche de ce qu'il a demandé à cet égard, il est inutile d'entrer dans la discussion des deux articles suivants; que, cependant, je lui ai permis d'expliquer encore mes intentions sur ce qu'ils contiennent, pour faire voir que je ne laisse à désirer aucun des éclaircissements que l'on me peut demander pour avancer l'ouvrage de la paix ;

Que, ma principale vue étant de la rendre ferme et durable, j'en ai proposé les conditions de manière qu'elles suppriment à l'avenir toutes les sources d'une nouvelle guerre ; que j'ai les mêmes égards pour ce qui regarde le prince d'Orange ; qu'ainsi ce n'est nullement pour diminuer les droits de sa souveraineté dans la ville d'Orange que je demande qu'aucun de mes sujets ne puisse s'y établir sans ma permission ; que c'est, au contraire, pour prévenir les différents incidents qui pourraient troubler la paix que je veux entretenir avec lui ;

Qu'il est aisé de prévoir que cette ville deviendrait bientôt la retraite de tous les mécontents de mon royaume, si cette liberté était accordée par le traité ; que je suis persuadé que le prince d'Orange veut sincèrement conserver avec moi une parfaite correspondance ; que, dans cette disposition, il serait continuellement dans l'embarras, ou de me refuser de faire sortir de

cette ville ceux qui troubleraient la tranquillité de mon royaume,
ou de les empêcher de jouir de l'asile qu'il veut présentement
leur procurer;

Qu'enfin, pour obtenir cette condition, si nécessaire à la
tranquillité de mon royaume, je veux bien, à toute extrémité,
consentir, quoiqu'à regret, à ne plus demander réciproquement l'amnistie générale pour les Anglais qui ont suivi le roi,
leur maître.

Après cette déclaration précise de mes intentions, j'ordonne
au maréchal de Boufflers de dire au sieur de Benting que
l'embarras d'un camp, les marches différentes d'une armée ne
sont pas propres à tenir des conférences pour la paix ; que,
comme elles sont ouvertes en Hollande, que les ministres du
prince d'Orange sont sur les lieux, et que ceux de Hollande,
aussi bien instruits que les Anglais de ses véritables sentiments,
peuvent vous les faire connaître, j'ai jugé plus à propos de vous
renvoyer une partie aussi principale de la négociation dont vous
êtes chargés que d'en faire une négociation séparée ; qu'il ne
convient pas de la traiter au milieu des mouvements de la
guerre, et que, si le prince d'Orange souhaite effectivement une
prompte conclusion de la paix, il en trouvera facilement les
moyens par les facilités que j'y ai apportées ; mais que, s'il persiste à me demander des conditions contraires à ma gloire et à
l'honneur des rois en général, je me servirai de tous les moyens
que Dieu m'a mis en main pour faire enfin désirer la paix à
ceux qui s'opposent au bien général de la Chrétienté.... (1) »

Boufflers reçut dans la nuit du 13 au 14 la lettre du
Roi qui lui était destinée personnellement. Il envoya
aussitôt Giey à Bruxelles pour proposer une nouvelle
entrevue le 15, dans les mêmes conditions de temps et de
lieu que la précédente. Le 15, dans la matinée, Giey rap-
porta une réponse affirmative (2), et l'entrevue eut lieu
l'après-midi.

« Après les honnêtetés réciproques, nous avons mis pied à
terre, M. de Benting et moi ; et, m'ayant demandé si j'avais eu

---

1. Le Roi aux plénipotentiaires, 11 juillet 1697. — *Hollande*, t. 168.
Cf. dans Grimblot, t. 4, p. 19-23, la lettre écrite par le Roi à Boufflers,
le 12.

2. Boufflers au Roi, 15 juillet 1697. — Grimblot, t. 1, p. 26-27.

l'honneur de rendre compte à Votre Majesté de notre entrevue, et si j'en avais eu réponse, je lui ai dit qu'ouy. Et, avant d'entrer en matière, j'ai commencé par dire audit sieur de Benting tout ce que Votre Majesté m'a fait l'honneur de me prescrire par sa lettre du 12, au sujet de M. le prince d'Orange, tant sur son empressement à mériter le retour des bonnes grâces de Votre Majesté que sur l'estime que Votre Majesté a pour M. le prince d'Orange ; lui ayant encore fait connaître, ainsi que Votre Majesté me l'a prescrit, que la persévérance que M. le prince d'Orange a eue dans des liaisons contraires aux intérêts de Votre Majesté lui donne lieu de croire que celles que le bien de l'Europe veut que Votre Majesté contracte présentement avec lui seront également constantes.

M. de Benting m'a témoigné une vive joye de ces assurances obligeantes de la part de Votre Majesté, et m'a dit qu'il en rendrait un compte bien fidèle à M. le prince d'Orange, qui en aurait une grande joye, désirant autant qu'il faisait l'estime et l'amitié de Votre Majesté, m'ayant dit qu'il avait ordre de M. le prince d'Orange de me dire que je pouvais assurer Votre Majesté que personne n'avait pour elle plus d'estime, de vénération et de respect que M. le prince d'Orange. Ce sont ses propres termes. Ayant encore ajouté que, quand la propre inclination de M. le prince d'Orange ne le porterait pas à avoir tous ces sentiments pour Votre Majesté, son propre intérêt le porterait à chercher à être bien avec Votre Majesté. Après avoir témoigné à M. Benting que je m'acquitterais avec soin et plaisir de cette commission, et que je pouvais à l'avance l'assurer qu'elle serait très bien reçue de Votre Majesté, je lui ai dit, pour entrer en matière, et lui faire savoir ce que Votre Majesté m'a fait l'honneur de me mander, au sujet de la conférence que j'avais eue avec mondit sieur de Benting, que M. le prince d'Orange avait pu aisément remarquer, par les conditions que Votre Majesté a offertes pour le rétablissement de la paix, qu'elle préfère la tranquillité publique à ses propres avantages, qu'elle a sacrifiés en abandonnant un aussi grand nombre de places et aussi importantes que le sont celles que Votre Majesté veut bien accorder à ses ennemis ; mais que, quoiqu'ils aient trouvé en Votre Majesté des facilités qu'ils n'eussent pu espérer, quand il n'a été question que de ses seuls intérêts, lorsqu'il s'agirait de l'honneur de Votre Majesté, elle n'y souffrirait jamais la moindre atteinte ; qu'il était blessé par la proposition que l'on fait à Votre Majesté de nommer dans ce traité et de s'engager à faire sortir du royaume de Votre Majesté le roi d'Angleterre ;

à quoi j'ai ajouté toutes les autres choses que Votre Majesté m'a fait l'honneur de me marquer sur ce point...

Il m'a dit que M. le prince d'Orange comprenait très bien la peine que Votre Majesté devait avoir à nommer dans le traité le roi d'Angleterre, et, pareillement, à l'obliger par le traité de sortir du royaume de Votre Majesté. Et que, comme son intention n'était nullement de rien demander à Votre Majesté qui pût lui faire personnellement de la peine, il consentait volontiers que le roi d'Angleterre, qu'ils nomment le roi Jacques, ne fût nullement nommé ni même désigné dans le traité ; mais que, comme il s'agissait du repos et de la sûreté de M. le prince d'Orange, en faisant la paix, il désirait qu'au défaut de nommer le roi Jacques on pût trouver des termes qui lui donnassent une entière sûreté, que Votre Majesté ne favorisera directement ni indirectement le roi d'Angleterre, ni les cabales et les menées secrètes et rébellions qui pourraient survenir en Angleterre, et que même, pour rendre la chose égale, et ne pas donner lieu de désigner en rien le roi Jacques, M. le prince d'Orange pourrait sur ce point réciproquement être obligé de se servir des mêmes termes que ceux dont Votre Majesté se servirait, c'est-à-dire que, Votre Majesté promettant et s'engageant par le traité de ne favoriser ni assister directement ni indirectement les ennemis de M. le prince d'Orange, sans aucune exception, ni restriction, et aussi de ne favoriser en rien les cabales, menées secrètes, factions et rébellions qui pourraient survenir en Angleterre, M. le prince d'Orange s'engagerait et promettrait de même par le traité de ne favoriser ni assister directement ni indirectement les ennemis de Votre Majesté, sans aucune restriction, ni exception, et aussi de ne favoriser en rien les cabales, menées secrètes, factions et rébellions, qui pourraient survenir dans le royaume de Votre Majesté ; et que, quant à exiger de Votre Majesté de promettre par le traité de faire sortir de son royaume le roi d'Angleterre, M. le prince d'Orange comprenait, par la même répugnance que Votre Majesté avait à le nommer, pour ne le pas favoriser et assister contre mondit sieur le prince d'Orange, qu'il serait encore plus dur à Votre Majesté de s'engager par le traité à le faire sortir de son royaume ; qu'ainsi il ne le lui demandait pas présentement, et qu'il n'en serait pas question dans le traité, mais que M. le prince d'Orange espérait qu'après le traité signé et la paix conclue, Votre Majesté voulant la faire de bonne foi et la rendre ferme et stable, elle ferait insinuer au roi d'Angleterre de prendre le parti de lui-même d'aller demeurer ailleurs pour éloigner toutes sortes de soupçons, et pour que rien dans la suite ne puisse altérer la solidité de la paix, que l'on désire réciproquement de bonne foi de rendre inébranlable ; de sorte que, sur ce point de nommer en rien le roi Jacques dans le traité et de l'obliger à sortir présentement du royaume de Votre Majesté, M. le prince d'Orange s'en désiste entièrement, et désire seulement qu'en ne le nommant point on trouve des termes qui puissent lui donner les mêmes sûretés que si on le nommait, et qui puissent l'assurer qu'il jouira en Angleterre de la paix que l'on aura accordée à toute l'Europe.

Pour ce qui regarde la principauté d'Orange (1), j'ai dit à M. de Benting que, la principale vue de Votre Majesté étant de rendre la paix ferme et durable, Votre Majesté en a proposé les conditions de manière qu'elle supprime à l'avenir toutes les sources d'une nouvelle guerre ; que Votre Majesté a les mêmes égards pour ce qui regarde M. le prince d'Orange, et qu'ainsi ce n'est nullement pour diminuer les droits de sa souveraineté dans la ville d'Orange que Votre Majesté demande qu'aucun de ses sujets ne puisse s'y établir sans sa permission ; que c'est au contraire pour prévenir les différents incidents qui pourraient troubler la paix que Votre Majesté veut établir avec M. le prince d'Orange ; ayant ajouté à cela tout ce que Votre Majesté me fait l'honneur de me prescrire sur cet article, et qu'enfin en faveur de cette condition, si nécessaire pour la tranquillité de son royaume, elle veut bien consentir, quoiqu'à regret, à ne plus demander réciproquement l'amnistie générale pour les Anglais qui ont suivi le roi leur maître.

M. de Benting m'a témoigné être fort aise de cette dernière condition, dont Votre Majesté veut bien se relâcher, et qu'il ne manquerait pas de la faire valoir de son mieux auprès de M. le prince d'Orange, mais que M. le prince d'Orange trouvait que c'était donner une atteinte formelle à son honneur et à sa souveraineté que de lui imposer la loi que l'on désire sur la principauté d'Orange ; que, par les mêmes égards qu'il a pour la juste répugnance que Votre Majesté a de ne vouloir point nommer dans le traité le roi d'Angleterre, parce que l'honneur de Votre Majesté s'y

---

1. M. Grimblot, aussi bien dans cette lettre que dans celle du 9, a passé tout ce débat relatif à Orange. Il peut être fastidieux, mais il nous semble plus édifiant encore. Il donne la mesure du désintéressement et de l'humanité d'un prince capable, en un pareil moment, d'insister sur des intérêts aussi mesquins et sur l'héritage, constesté d'ailleurs en droit, d'une principauté et d'une ville, dont ses aïeux avaient transformé l'incomparable théâtre en un bastion avancé de leur forteresse.

trouverait blessé, il espère que Votre Majesté voudra bien aussi avoir les mêmes considérations pour ne pas exiger de lui une condition à l'égard de la principauté d'Orange qui blesse son honneur et donne atteinte à sa souveraineté ; que jamais on n'a demandé une pareille chose aux princes d'Orange ses prédécesseurs, et qu'il n'en est jamais arrivé d'incident ; que Votre Majesté ne devait pas douter un moment que M. le prince d'Orange n'eût une attention très grande et continuelle à ne point souffrir que rien se passât dans ladite principauté qui pût faire la moindre peine à Votre Majesté, et qu'il *(sic)* ne lui donnât une prompte et entière satisfaction sur toutes choses. Je lui ai dit sur cela que, si l'on n'a point demandé cette condition aux princes d'Orange, les prédécesseurs de M. le prince d'Orange, c'est qu'ils n'étaient que particuliers, quoique grands hommes et dignes sujets, qu'ils étaient même particulièrement attachés aux rois les prédécesseurs de Votre Majesté et sous leur protection ; qu'ainsi les petits incidents qui auraient pu survenir à l'égard de la principauté ne pouvaient avoir aucune suite ; mais que, M. le prince d'Orange étant une fois reconnu roi d'Angleterre, ce ne sera plus à un prince d'Orange particulier que l'on aura à faire, mais à un roi d'Angleterre, et qu'ainsi les petits incidents qui pourraient survenir pourraient avoir des suites plus grandes, et causer petit à petit des sujets de mécontentement, et enfin troubler une paix que l'on veut réciproquement rendre ferme et durable, et qu'ainsi, dans cette intention réciproque, rien ne pouvait être plus sage ni plus raisonnable que d'en prévenir pour toujours les occasions.

M. de Benting a peine à goûter ces raisons, quoique vrayes. Il m'a dit seulement qu'il en rendrait compte à M. le prince d'Orange, qu'il fallait voir si l'on ne pourrait pas y apporter quelque tempérament qui pût satisfaire Votre Majesté et ne point blesser l'honneur de M. le prince d'Orange, ni donner atteinte à sa souveraineté, comme en stipulant qu'aucun des sujets de Votre Majesté qui aurait encouru son indignation par quelque marque publique, ou qui serait dans le crime, ou qui aurait été repris de justice, ne pourrait se retirer dans ladite principauté et n'y serait point souffert, et que la liberté de s'y établir fût laissée aux autres, ainsi qu'il s'est pratiqué de tout temps.

Je lui ai dit sur cela qu'il ne paraissait pas que le prince d'Orange dût s'arrêter à une aussi petite chose, pour retarder la conclusion de la paix, et surtout Votre Majesté se relâchant, en faveur de cette condition, de l'amnistie générale qu'elle désirait pour les Anglais qui ont suivi leur maître ; que tout ce que je pouvais, c'était d'avoir l'honneur d'en rendre compte à Votre Majesté comme de tout le reste de ce second entretien.

M. de Benting m'a dit que, de sa part, il en rendrait compte à M. le prince d'Orange, et me ferait savoir sa réponse. Je lui ai dit sur cela que je croyais qu'il serait mieux qu'il la fît savoir à ses ministres à Ryswick, qui pourraient ensuite en informer les plénipotentiaires de Votre Majesté ; que l'embarras des camps et les marches différentes que les armées pourraient faire n'étaient pas propres à avoir des conférences de paix.

M. de Benting m'a paru surpris et fâché de cette difficulté que je faisais de recevoir par lui la réponse de M. le prince d'Orange, et m'a dit que, les choses étant aussi avancées qu'elles le sont par le moyen de nos entrevues, pour ce qui regarde en particulier M. le prince d'Orange, il lui semblait qu'il fallait achever de les décider et d'en convenir par la même voye ; qu'il comprenait fort bien, et que c'était l'intention de M. le prince d'Orange, que tout se fît et se réglât aux conférences de Ryswick, mais qu'avant cela c'était un préalable nécessaire, et qui avancerait tout à fait la conclusion de la paix, d'avoir réglé et d'être convenu de tout ce qui regarde M. le prince d'Orange, par la voye que Votre Majesté a agréée des entrevues de mondit sieur de Benting et de moi, et qu'ensuite de cela M. le prince d'Orange envoyerait ses ordres à ses ministres et aux plénipotentiaires des États de traiter des autres affaires générales, de les accélérer et d'y apporter toutes sortes de facilités (1). J'ai dit à mondit sieur de Benting que je ne pouvais sans de nouveaux ordres lui donner un troisième rendez-vous ; que, cependant, si j'étais persuadé que la réponse qu'il aura à me rendre fût telle que Votre Majesté la désire, je pourrais peut-être prendre sur moi, pour accélérer les choses, de lui en donner un. Il m'a dit que, dans l'incertitude si je lui accorderais ou non le rendez-vous qu'il me demanderait, il ne pouvait pas s'engager à m'en demander un ; que, quant à la réponse qu'il serait chargé de me faire, les choses lui paraissaient si avancées par notre conférence d'aujourd'hui qu'il ne se pouvait quasi pas, à très peu de chose près, que ladite réponse ne fût telle que Votre Majesté peut la désirer ; que, pourvu que l'on veuille en user avec M. le prince d'Orange de la même manière qu'il désire d'en user à l'égard de Votre Majesté, c'est-à-dire de ne rien exiger de lui qui puisse lui faire personnellement de la peine, et blesser son honneur, ainsi qu'il est entièrement dans la résolution de

---

1. L'insistance de Guillaume III est à noter.

ne rien demander à Votre Majesté qui puisse lui faire personnellement de la peine et blesser la délicatesse de son honneur,
et se donnant réciproquement toutes les assurances et sûretés qui
puissent faire connaître que l'on traite de bonne foi et que l'on
veut exécuter ponctuellement et religieusement les conditions
de la paix et la rendre ferme et durable, il peut assurer de la
part de M. le prince d'Orange qu'il ne demeurera en reste de
quoi que ce puisse être qui regarde la satisfaction de Votre
Majesté et de ce qui pourra la rendre bien persuadée de ses
bonnes intentions, et de sa bonne foi, et du véritable désir qu'il
a en son particulier de s'acquérir l'amitié de Votre Majesté, en
sorte qu'il puisse compter sur elle, comme Votre Majesté pourra
compter sûrement sur M. le prince d'Orange. Voilà, Sire, les
propres termes de M. de Benting, le tout accompagné de to.tes
les manières respectueuses qui sont dues à Votre Majesté et
qui peuvent le plus persuader de la bonne foi. Il paraît que
M. le prince d'Orange a un véritable désir de faire la paix et
d'être bien avec Votre Majesté, comprenant très bien qu'il n'y
a que l'amitié et les bonnes grâces de Votre Majesté qui
puissent assurer son repos en Angleterre et le faire jouir de la
paix et des royaumes d'Angleterre en tranquillité (1). »

Ce compte-rendu de l'entrevue du 15 ne partit par un
courrier que le 16, à sept heures du matin. Dans la soirée
du même jour (le 16), M. de Giey vint trouver Boufflers,
pour lui dire que, vers quatre heures de l'après-midi,
Benting l'avait envoyé chercher. Il désirait obtenir du
maréchal pour le lendemain une nouvelle entrevue, d'une
demi-heure seulement. Villeroy, consulté par son compagnon d'armes, le dissuada de consentir. Il invoquait avant
tout l'intention très nettement marquée par le Roi, dans
sa dépêche du 12, de renvoyer toute la négociation à
Ryswick. Boufflers se rendit à ce conseil, et, le 17, Giey
reprit le chemin de Bruxelles avec la double mission de
complimenter l'agent hollandais et de l'exhorter à la
patience (2). L'effet produit à Versailles par le rapport
du 15 fut d'ailleurs excellent, quoique le Roi eût été un peu
choqué de la comparaison faite par le prince d'Orange

---

1. Boufflers au Roi, 15 juillet 1697. — *Hollande*, t. 172.
2. Boufflers au Roi, 21 juillet 1697. — *Hollande*, t. 172.

de sa situation en Angleterre avec celle des rois de France en France.

« Le sieur de Benting a offert en même temps, pour rendre la chose égale, que le prince d'Orange s'obligerait réciproquement à se servir à mon égard des mêmes termes que j'emploierais pour lui donner cette assurance.

Mais, comme cette égalité ne peut avoir lieu, que la soumission de mes sujets et la tranquillité de mon royaume ne me donnent à craindre ni factions ni rébellions, j'ordonne au maréchal de Boufflers de ne point stipuler cette condition réciproque, mais de promettre, comme il l'a déjà dit, que je n'assisterai, ni directement ni indirectement, les ennemis du prince d'Orange sans aucune exception, et d'ajouter, comme le sieur Benting l'a demandé, que je m'engage à ne favoriser, en quelque manière que ce soit, les cabales, menées secrètes, factions et rébellions qui pourraient survenir en Angleterre.

Le sieur de Benting a insinué au maréchal de Boufflers que le prince d'Orange espérait qu'après la paix conclue je porterais le roi d'Angleterre à prendre de lui-même la résolution d'établir son séjour hors de mon royaume.

Je ne puis juger s'il renouvellera encore cette proposition dans la conférence prochaine qu'ils doivent avoir ensemble. J'écris cependant au maréchal de Boufflers de ne la point relever, si le sieur de Benting garde le silence sur cet article ; mais, s'il persiste à le demander, le maréchal de Boufflers lui déclarera que je suis également éloigné d'entrer dans quelque engagement que ce soit sur ce sujet, soit devant ou après la paix ; que les mêmes raisons m'empêchent d'en écouter les propositions, et qu'il doit suffire au prince d'Orange que je lui donne toutes les assurances qu'il me demande d'ailleurs pour sa tranquillité.

Quoique le maréchal de Boufflers n'ait omis aucunes des raisons qui m'obligent à vouloir que mes sujets ne puissent s'établir à Orange sans ma permission ; qu'il ait fait voir que cette précaution est absolument nécessaire pour prévenir les différents incidents qui pourraient troubler la paix que je veux entretenir inviolablement, lorsqu'elle sera conclue, et qu'il se soit expliqué que, pour obtenir cette condition, si nécessaire à la tranquillité de mon royaume, je consentirais, quoiqu'à regret, à ne plus demander l'amnistie générale pour les Anglais qui ont suivi le roi, leur maître, le sieur de Benting n'a pu néanmoins se désister de la prétention du prince d'Orange au sujet de cette ville.. ..

Il serait aisé de faire voir par la différence des temps qu'une condition que l'on n'exigeait pas des princes d'Orange et de lui-même, lorsque l'exercice de la R. P. R. était permis dans mon royaume, devient nécessaire présentement que la religion catholique est la seule qui y soit professée, et qu'il est important d'ôter aux nouveaux convertis toute communication avec ceux de la R. P. R. Mais j'ordonne au maréchal de Boufflers, sans entrer dans cette différence des temps, de faire encore remarquer au sieur de Benting qu'il a dû connaître, dans leur première conférence, que mon intention n'a jamais été de diminuer les droits de la souveraineté du prince d'Orange dans cette ville ; que la demande que j'ai faite a seulement été pour le porter à contribuer autant qu'il pouvait dépendre de lui à prévenir tous les événements qui pourraient altérer la bonne intelligence après la paix, en quelque façon que ce soit ; que, pour en donner encore des marques plus sensibles à ce prince, s'il est persuadé, comme le sieur de Benting le prétend, que son honneur soit intéressé à ne pas consentir à cette condition, je veux bien me contenter de la simple promesse qu'il me fera, et qui ne sera insérée dans aucun des articles, ou publics ou secrets, du traité, et de la parole secrète qu'il me donnera de ne permettre à aucun de mes sujets de s'établir à Orange.

Enfin, si ce tempérament ne suffit pas encore, je permets au maréchal de Boufflers de convenir à toute extrémité avec le sieur de Benting que le prince d'Orange, pour conserver les droits qu'il prétend lui appartenir comme souverain, accordera la permission de s'établir dans cette ville à trois ou quatre de mes sujets de la R. P. R., qui sont auprès de lui, ou bien en Hollande, dont la conduite ne me pourra être suspecte, pourvu qu'ils soient des provinces de mon royaume éloignées de la ville d'Orange, et qu'il me les nomme auparavant, en sorte que le public, les voyant s'établir à Orange sans être informé si mon consentement est intervenu pour cet effet, croira facilement qu'ils y sont de la seule autorité du prince d'Orange et que cette opinion suffira pour le maintien de ses droits.

J'écris de plus au maréchal de Boufflers de faire connaître au sieur de Benting que je confirme encore les premières assurances qu'il lui a données de mon estime particulière pour le prince d'Orange, et que je suis persuadé que l'Europe jouira longtemps du repos que la paix lui va procurer, lorsque cette tranquillité aura pour fondement les liaisons sincères et solides que je veux entretenir avec ce prince.

Le maréchal de Boufflers a proposé au sieur de Benting, ainsi que je lui avais ordonné de le faire, de renvoyer aux conférences de Ryswick tout ce qui regarde cette négociation particulière avec le prince d'Orange. Mais, comme ce dernier a fortement insisté à la traiter encore de la même manière, et qu'il assure qu'une troisième conférence terminera ce qui reste de difficultés, je permets au maréchal de Boufflers d'avoir encore avec lui cette conférence qu'il demande, et je lui ordonne de faire savoir au sieur de Benting qu'il a reçu ma réponse et qu'il est prest d'entrer en conférence avec lui.

Il est certain que les choses me paraissent si avancées dans cette seconde que j'ai lieu de croire que le prince d'Orange veut traiter de bonne foi... (1) »

La lettre royale qui servait de réponse au rapport de Boufflers avait été rédigée dès la veille, et Louis XIV n'y cachait pas non plus ses espérances mêlées d'impatience (2). Giey retourna donc vers Portland, et, le 20 juillet, vers quatre heures de l'après-midi, les deux négociateurs se retrouvèrent à cheval au lieu où ils s'étaient déjà réunis deux fois.

« M. de Benting commença par me dire qu'il n'avait point manqué de rendre compte, comme il le devait, à M. le prince d'Orange des assurances que je lui avais données, de la part de Votre Majesté, dans notre seconde entrevue, des sentiments d'estime de Votre Majesté pour M. le prince d'Orange, de ses dispositions favorables pour lui, et enfin de ses bonnes et sincères intentions pour la conclusion de la paix, et pour l'observer inviolablement, lorsqu'elle serait conclue ; que M. le prince d'Orange lui avait ordonné de me témoigner de sa part qu'il avait reçu lesdites assurances avec toute la joye et la sensibilité possible par le cas infini qu'il faisait de l'estime et de l'amitié de Votre Majesté, par le désir sincère qu'il avait de se les acquérir, et par tous ses sentiments pour la personne de Votre Majesté, pour laquelle on ne pouvait avoir trop de vénération et de respect, regardant Votre Majesté, non seulement comme

---

1. Le Roi aux plénipotentiaires, 18 juillet 1697. — *Hollande*, t. 168.
2. Le Roi à Boufflers, 17 juillet 1697. — V. Grimblot, t. 1, p. 35-38.

le plus grand roi du monde, mais personnellement comme le
plus grand homme par ses grandes et rares qualités, me priant
de la part de M. le prince d'Orange de vouloir le témoigner
ainsi à Votre Majesté et l'en assurer. Ce sont tous les termes de
M. Benting, auxquels je n'ajoute quoi que ce soit, m'ayant
encore prié de la part de M. le prince d'Orange de renouveler à
Votre Majesté les assurances de la sincérité et de la droiture
de ses intentions pour la paix et pour son exacte observation,
l'assurant encore qu'il serait, après la paix conclue, aussi fidèle-
ment et aussi constamment attaché aux intérêts de Votre Majesté
qu'il y avait été jusques à présent contraire.

Je témoignai sur tout cela à M. de Benting que j'aurais
l'honneur de rendre un compte exact à Votre Majesté de tout
ce qu'il venait de me dire pour elle de la part de M. le prince
d'Orange, et que j'étais persuadé qu'elle recevrait avec plaisir
et satisfaction tous ces témoignages, et qu'en attendant, sur le
compte que j'ai eu l'honneur de rendre à Votre Majesté de
tout ce que mondit sieur de Benting m'a dit dans notre seconde
entrevue de la part de M. le prince d'Orange pour Votre
Majesté, elle m'avait ordonné de lui renouveler les premières
assurances que je lui avais déjà données de son estime particulière pour M. le prince d'Orange et de la satisfaction avec
laquelle Votre Majesté avait reçu les susdits témoignages. M. de
Benting m'ayant marqué pareillement sur cela qu'il ne manquerait d'en rendre compte exactement à M. le prince d'Orange, et
m'ayant assuré de la joye qu'aurait M. le prince d'Orange de
ces nouvelles assurances, il me dit, pour me rendre réponse sur
notre dernière conférence :

Que, sur le consentement que M. le prince d'Orange avait
trouvé raisonnable de donner, que le roi d'Angleterre, qu'ils
nomment le roi Jacques, ne fût point du tout nommé ni désigné
dans le traité, mais qu'à ce défaut on pût trouver des termes
qui donnassent à M. le prince d'Orange une entière sûreté qu'en
faisant la paix il jouira, pour lui et pour ses successeurs, et pour
ses États, d'une entière et parfaite tranquillité, il avait fait
dresser le « Mémoire » ci-joint (1) pour pouvoir avoir lesdites
sûretés, sans nommer ni désigner le roi d'Angleterre ; que, si
Votre Majesté trouvait quelque chose à y changer, elle pourrait
le faire comme elle le jugerait à propos, mais que ce n'était
pour la plupart que les termes ordinaires et usités dans tous
les traités. Je lui dis que ce « Mémoire » me paraissait bien

____

1. Le « Mémoire » précède cette lettre.

étendu et contenir beaucoup de termes inutiles ; que, sur ce qu'il m'avait témoigné dans notre seconde conférence, que M. le prince d'Orange consentait volontiers qu'il ne fût fait dans le traité de paix aucune mention du roi d'Angleterre, pourvu qu'outre les termes généraux de ne favoriser et assister directement ni indirectement ses ennemis, sans aucune exception, on pût encore en trouver qui donnassent des assurances plus particulières, comme de ne favoriser directement ni indirectement les cabales, menées secrètes, factions et rébellions qui pourraient survenir en Angleterre, j'avais eu l'honneur d'en rendre compte à Votre Majesté, laquelle, pour faire voir à M. le prince d'Orange la droiture de ses intentions et la bonne foy avec laquelle elle veut faire la paix et l'observer religieusement dans tous ses points, m'avait ordonné de lui dire, j'entends à M. de Benting, qu'elle s'engagera par le traité de n'assister, directement ni indirectement, les ennemis de M. le prince d'Orange, sans aucune exception, et de plus à ne favoriser, en quelque manière que ce soit, les cabales, menées secrètes, factions et rébellions qui pourraient survenir en Angleterre;

Qu'il me paraissait que ces expressions comprenaient généralement tout ce qui était contenu en des termes plus étendus dans son « Mémoire », et que, comme c'étaient précisément les termes qu'il m'avait témoigné désirer dans notre seconde entrevue, il me paraissait que M. le prince d'Orange devait en être pleinement satisfait, d'autant plus qu'ils lui donnaient toutes les sûretés qu'il désirait et pouvait désirer. Il m'a dit que ce « Mémoire », quoique plus étendu que lesdites expressions, n'engage Votre Majesté à rien de plus que ce qu'elle veut et entend de promettre par lesdites expressions, c'est-à-dire de ne favoriser ni les cabales, menées secrètes, factions ni rébellions, non plus que les personnes qui les susciteront et fomenteront ; que, si Votre Majesté, sans favoriser directement lesdites cabales, menées secrètes, factions ou rébellions, favorisait personnellement ou souffrait dans ses États la personne ou les personnes particulières qui seraient les auteurs desdites cabales, menées secrètes, factions ou rébellions, et lesquelles, par leurs correspondances et intelligences particulières en Angleterre, susciteraient et fomenteraient de France tout ce que dessus, ce serait, en quelque façon, de la part de Votre Majesté favoriser indirectement lesdites factions, menées secrètes et autres, quoiqu'elle ne les assistât d'ailleurs, ni de conseils, ni d'argent, ni d'aucune autre chose, et qu'ainsi, pour lever tout sujet d'inquiétude et de mécontentement, il était à propos, outre les expressions ci-dessus, d'ajouter que Votre Majesté ne favorisera, directement ni indirectement, les personnes qui pourraient susciter et fomenter les susdites factions, menées secrètes et autres, ainsi qu'il est marqué dans le susdit « Mémoire » ci-joint.

Sur ce que je lui ai dit que ce mot de personne, ou de personnes, était un moyen pour obliger ensuite Votre Majesté à faire sortir de son royaume tous les Anglais qui y seraient, d'autant que, dès qu'il y aurait la moindre cabale, ou émotion en Angleterre, ce serait un prétexte de dire que tels et tels qui seraient en France en seraient les auteurs, il m'a dit qu'on devait avoir meilleure opinion de M. le prince d'Orange et de ses droites et sincères intentions pour le maintien de la paix ; que, quand il ferait connaître à Votre Majesté qu'il aurait pour suspect quelque particulier ou quelques particuliers anglais en France, il en ferait connaître en même temps les justes raisons, comme par lettres interceptées, commerces avérés et autres indices qui justifieraient les soupçons et les raisons que l'on aurait, sans chercher à rien imputer à ceux qui ne se mêleraient de rien, et qu'il consentait de sa part de s'engager aux mêmes termes et expressions, quoiqu'il sût à la vérité que Votre Majesté n'avait nul besoin des mêmes précautions, par la soumission et la fidélité de ses peuples, et leur attachement particulier à sa personne, ce qui n'était pas de même en Angleterre, comme tout le monde le savait, ce qui l'obligeait aussi à prendre de plus grandes précautions pour la sûreté de sa personne et pour celle de ses États, et qu'il espérait que Votre Majesté voudrait bien les lui donner les plus grandes qu'il se pourrait, sans nommer le roi d'Angleterre. Je lui ai dit qu'il ne pouvait trop compter sur la droiture et la sincérité des intentions de Votre Majesté en toutes choses, et que, quand elle voudrait bien s'engager à ne favoriser, directement ni indirectement, en quelque manière que ce soit, les cabales, menées secrètes, factions et rébellions qui pourraient survenir en Angleterre, c'était sans aucun sousentendu ni restriction, et que cela comprenait tout. Et que, quant au consentement que le prince d'Orange donnait de promettre et de s'engager aux mêmes choses, il avait prévenu les véritables sentiments de Votre Majesté sur le peu de besoin qu'elle en a, Votre Majesté m'ayant ordonné de ne point stipuler cette condition réciproque, la soumission de ses sujets et la tranquillité de son royaume ne lui donnant à craindre faction ni rébellion ; il m'a dit que le prince d'Orange en était très convaincu et qu'il n'avait offert ce réciproque que pour faire voir qu'il ne veut rien demander à quoi il ne s'engage de même.

Quoique Votre Majesté, dans le fond, n'ait nul besoin de ce réciproque, je ne sais si ce pareil engagement de la part du prince d'Orange ne le rendrait pas plus retenu et circonspect à former des difficultés sur les Anglais qui resteront en France, de crainte qu'on ne lui en formât aussi sur les Français qui seront en Angleterre. Il semble encore que cet engagement réciproque et général aurait moins de rapport au roi d'Angleterre et ne le désignerait nullement.

Je ne sais encore si cet engagement réciproque ne rendrait pas dans la suite M. le prince d'Orange plus circonspect à ne favoriser directement ni indirectement les nouveaux convertis en France, lesquels même, n'ayant plus d'espérance de ce côté-là, pourraient peut-être d'eux-mêmes revenir en France et se soumettre aux ordres et aux intentions de Votre Majesté pour l'exercice de la religion catholique romaine, et repeupler ainsi le royaume. Ce sont des réflexions dont Votre Majesté connaîtra bien mieux que personne l'importance et l'utilité aussi bien que les inconvénients, pour se déterminer ensuite à ce qu'elle croira de plus convenable à son service et au bien de son royaume.

Pour finir sur cet article des sûretés que M. le prince d'Orange désire, en ne nommant point le roi d'Angleterre, j'ai dit à M. Benting que je n'avais rien à ajouter aux expressions que Votre Majesté m'a prescrites pour lesdites sûretés, auxquelles expressions elle a bien voulu consentir, pour faire voir que c'est de bonne foi et sans aucun sous-entendu, réserve ni restriction qu'elle traite avec M. le prince d'Orange, lesdites expressions comprenant tout ; que j'aurais l'honneur d'envoyer à Votre Majesté le « Mémoire » qu'il m'a donné et de lui faire savoir la réponse que je recevrais. Sur quoi il m'a dit qu'il l'attendrait, et qu'il osait espérer que Votre Majesté voudrait bien y ajouter le terme de personne, et de personnes, qui est absolument nécessaire pour la sûreté et la tranquillité de M. le prince d'Orange et de ses États, d'autant plus qu'en ajoutant ce terme de personnes, ce n'est demander uniquement qu'une explication un peu plus précise des véritables intentions de Votre Majesté, puisque l'on ne peut ajouter que, Votre Majesté s'engageant à n'assister directement ni indirectement les ennemis de M. le prince d'Orange sans aucune exception, et Votre Majesté s'engageant encore de ne favoriser en quelque manière que ce soit les cabales, menées secrètes, factions et rébellions, qui pourraient survenir en Angleterre, elle n'entende de même de ne favoriser directement ni indirectement les personnes qui seraient les auteurs desdites cabales, menées secrètes, factions et rébellions, en quelques lieux que lesdites personnes pussent être ; qu'ainsi, par cette explication un peu plus estendue, Votre Majesté ne s'engage à rien de plus que ce qui est de ses véritables intentions, et, par ce moyen, donnera plus de repos et de tranquillité à M. le prince d'Orange, lequel, de sa part, n'aura d'autre désir et d'autre attention qu'à donner à Votre Majesté une entière satisfaction sur toutes choses, m'ayant encore répété que je pouvais assurer Votre Majesté que M. le prince d'Orange ne demeurera en reste sur quoi que ce soit de ce qui pourra rendre Votre Majesté bien persuadée et convaincue de la sincérité de ses intentions pour l'observation inviolable de la paix, et la rendre stable et durable, et pour tout ce qui pourra être agréable à Votre Majesté.

Il n'a été fait nulle mention de part ni d'autre de ce que M. Benting m'avait insinué dans notre seconde conférence que M. le prince d'Orange espérait qu'après la paix conclue Votre Majesté porterait le roi d'Angleterre à prendre de lui-même la résolution d'établir un séjour hors du royaume de Votre Majesté. Aussi il n'y a point d'apparence que l'on relève davantage cet article.

Quant à ce qui regarde la principauté d'Orange, M. de Benting m'a dit que M. le prince d'Orange trouve très raisonnable que ladite principauté et ville d'Orange ne soient point la retraite des sujets de Votre Majesté dont elle sera mal satisfaite, et que, dans l'intention où il est de donner en toutes choses une entière satisfaction à Votre Majesté et de lui faire connaître ses bonnes et sincères intentions pour la paix et prévenir tous les incidents qui pourraient la troubler, il veut bien se remettre à Votre Majesté de régler elle-même cet article comme elle le jugera à propos, stipulant pour elle tout ce qu'elle estimera nécessaire pour la tranquillité de son royaume, et pour qu'aucun de ses sujets, dont la conduite sera suspecte ou criminelle, ou dont Votre Majesté sera d'ailleurs mal satisfaite, ne puisse être reçu ni souffert dans la ville et principauté d'Orange, laissant d'ailleurs à M. le prince d'Orange ce qui ne sera pas nécessaire à Votre Majesté, et qui blesserait l'honneur de M. le prince d'Orange et donnerait atteinte à ses droits de souveraineté, ne pouvant croire que Votre Majesté, en demandant qu'aucun de ses sujets ne puisse s'établir dans la ville et principauté d'Orange sans la permission de Votre Majesté, veuille en exclure tous ses sujets, mais seulement ceux qui pourraient par cet asile apporter du trouble dans le royaume de Votre

Majesté, ou dont Votre Majesté serait d'ailleurs mal satisfaite, pour quelque autre raison que ce puisse être, sans quoi cette exclusion générale donnerait une atteinte formelle aux droits de la souveraineté de M. le prince d'Orange, blesserait son honneur, et contreviendrait aux traités de Nimègue, qui est (sic) la base des préliminaires de la paix, la principauté d'Orange ayant été restituée par ledit traité à M. le prince d'Orange sans aucune restriction ; qu'enfin M. le prince d'Orange se remet entièrement à Votre Majesté de régler cet article comme elle le jugera à propos, en stipulant elle-même pour les intérêts de Votre Majesté et le bien de son royaume ce qu'elle estimera nécessaire et raisonnable, ménageant d'ailleurs les intérêts et l'honneur de M. le prince d'Orange dans tout ce qui ne sera pas nécessaire à la satisfaction de Votre Majesté, laquelle il est très persuadé qu'elle ne voudra pas établir sur rien qui ne soit entièrement juste et raisonnable.

Je lui ai dit que cette déférence de la part de M. le prince d'Orange aux sentiments et à la décision de Votre Majesté ne pouvait être que très agréable à Votre Majesté, mais que, pour finir plus promptement cet article, et pour faire voir à M. le prince d'Orange jusques où va l'estime de Votre Majesté pour lui, et même sa confiance et sa bonne opinion, Votre Majesté se contenterait de la simple promesse que le prince d'Orange lui fera, et qui ne sera insérée dans aucun des articles, ou publics, ou secrets, du traité, et de la parole secrète que M. le prince d'Orange donnera à Votre Majesté de ne permettre à aucun de ses sujets de s'établir à Orange, et qu'ainsi n'en étant fait aucune mention dans le traité, l'honneur de M. le prince d'Orange n'y serait nullement intéressé.

M. de Benting m'a paru fort sensible à cette marque d'estime et de confiance de Votre Majesté pour M. le prince d'Orange, et m'a dit qu'il était très assuré que M. le prince d'Orange la recevrait comme elle le mérite de toutes manières, mais qu'il ne doutait pas qu'il n'aimât toujours mieux se remettre entièrement à ce que Votre Majesté jugerait à propos de régler elle-même sur ce sujet, en la manière qu'il est marqué ci-dessus ; que, paraissant par le traité que M. le prince d'Orange serait rentré dans tous ses droits de souveraineté, il paraîtrait extraordinaire, pour satisfaire à sa parole secrète, qu'il voulût de lui-même exclure de ladite ville et principauté d'Orange tous les sujets de Votre Majesté, sans distinction de ceux dont Votre Majesté n'aurait aucun sujet particulier de mécontentement, ou de ceux qui auraient encouru par une mauvaise conduite

particulière la disgrâce de Votre Majesté et dont elle serait mal
satisfaite.

Je lui ai dit encore que, pour que cette exclusion ne parût
pas générale, et qu'il parût au contraire au public que M. le
prince d'Orange exerce pleinement tous ses droits de souveraineté, Votre Majesté consentirait qu'il accordât la permission
de s'établir dans la ville d'Orange à trois ou quatre des sujets
de Votre Majesté de la R. P. R. qui sont auprès de M. le
prince d'Orange, ou bien en Hollande, dont la conduite ne
pourra être suspecte à Votre Majesté, pourvu qu'ils soient des
provinces du royaume de Votre Majesté éloignées de la ville
d'Orange, et que M. le prince d'Orange les nomme auparavant
à Votre Majesté, de sorte que le public, les voyant s'établir à
Orange sans être informé si le consentement de Votre Majesté
y sera intervenu, croira qu'ils y seront de la seule autorité de
M. le prince d'Orange et que cette opinion suffira pour le
maintenir dans ses droits. Il m'a répondu de même qu'il en
rendrait compte à M. le prince d'Orange, mais qu'il était
toujours persuadé que M. le prince d'Orange aimerait mieux
s'en remettre à ce que Votre Majesté jugera à propos de régler
elle-même, ainsi que j'ai eu l'honneur de le lui marquer ci-
dessus, à quoi mondit sieur de Benting a ajouté qu'il attendrait
de mes nouvelles sur l'un et sur l'autre de ces deux articles, et
qu'il espérait que notre première entrevue terminerait toutes
choses, espérant que Votre Majesté aurait la bonté d'entrer
dans les justes raisons de M. le prince d'Orange sur l'un et sur
l'autre desdits articles, lesquels, étant réglés et convenus, met-
traient M. le prince d'Orange en état de presser les conférences
et de faciliter par tout ce qui pourra dépendre de lui la prompte
conclusion de la paix, m'ayant encore confirmé que M. le prince
d'Orange n'oubliera rien de ce qui pourra dépendre de lui
pour obliger l'Empereur, l'Espagne et les autres alliés à faire
la paix, et que, s'ils le refusent, il la fera sans eux. La paix
ne tient donc plus qu'aux deux articles ci-dessus mention-
nés..... (1) »

Nous ne donnerons pas le « Mémoire », d'ailleurs très
court, car il se réduit à deux pages, qui précède ce rapport
prolixe, parce que le sens s'en trouve plus que suffisam-

___

1. Boufflers au Roi, 21 juillet 1697, Sainte-Renelle. — *Hollande*,
t. 172.

ment déterminé par la discussion qu'on vient de lire. Boufflers ne tarda pas à l'expédier, et, dès le 24, tout en lui adressant ses propres instructions (1), Louis XIV fit part aussi à ses plénipotentiaires des dernières impressions qu'il avait éprouvées. Remarquons en passant que celles de Guillaume III n'avaient rien laissé à désirer, car, le 22, il avait écrit à Heinsius, à titre de nouvelle agréable : *I think peace is very near* (2).

« Elle (la conférence) s'est tenue au lieu ordinaire le 20ᵉ de ce mois, et, si les expressions suffisaient pour faire juger de la sincérité des intentions, |j'aurais lieu de croire que le prince d'Orange souhaite véritablement de mériter le retour de mes bonnes grâces, celui qui parlait en son nom n'ayant rien omis pour me le persuader. Mais, comme les termes de vénération, de respect et d'admiration ne sont au fond que des paroles, on doit aussi les regarder comme telles jusqu'à ce que les effets y répondent, et ces paroles n'engagent qu'à des honnêtetés réciproques, que le maréchal de Boufflers fera de ma part au sieur de Benting. Il l'assurera de l'estime que j'ai pour son maître, et que je désire véritablement de lui en donner des marques aussitôt que la paix aura rétabli la parfaite intelligence que je veux désormais entretenir avec lui et que je crois nécessaire au bien de l'Europe.

Vous jugerez aisément que les deux articles qui ont fait le sujet de cette conférence ont été celui qui regarde les assurances que le prince d'Orange me demande à l'égard du roi d'Angleterre et la précaution que je crois nécessaire d'apporter pour empêcher mes sujets de s'établir à Orange sans ma permission.

Quant au premier article, le sieur de Benting est convenu, comme il y avait déjà consenti dans la dernière conférence, que le roi d'Angleterre ne serait point nommé ni désigné dans le traité ; mais, sous prétexte des sûretés qu'il prétend absolument nécessaires pour la tranquillité du prince d'Orange, il a communiqué le projet d'un article beaucoup plus étendu que la dernière proposition qu'il avait faite et que j'avais approuvée. Je vous en envoye la copie, et vous verrez qu'à moins de nommer expressément le roi d'Angleterre on ne peut le désigner plus clairement que par les deux termes joints ensemble de « personne » ou

---

1. V. Grimblot, t. 1, p. 55-59.
2. V. Grimblot, t. 1, p. 52.

« personnes », dont le premier ne peut s'appliquer qu'au roi d'Angleterre, et le second, aux Anglais qui sont avec ce prince. Le sieur de Benting a cru les adoucir en disant au maréchal de Boufflers que ces termes contiennent seulement une explication un peu plus étendue de mes véritables intentions ; qu'ils n'y sont point opposés ; qu'on ne peut douter que, lorsque je veux bien m'engager à ne favoriser directement ni indirectement les cabales et les factions qui pourraient se former en Angleterre, je n'aye aussi dessein de ne point assister ceux qui en seraient les auteurs ; qu'ainsi le prince d'Orange espère que je voudrai bien contribuer par cette expression à son repos.

Mais, comme les assurances que je consens de lui donner en sont un fondement assez solide, que les termes que je veux bien employer ne lui laissent pas lieu de douter de la sincérité de mes intentions ; que l'explication qu'il demande ne peut rien augmenter à *(sic)* la confiance qu'il doit avoir en ma parole, j'ordonne au maréchal de Boufflers d'expliquer toutes ces raisons au sieur de Benting, de lui faire remarquer que ce sera toujours avec peine que je verrai qu'on me propose de me servir d'un terme qu'on ne peut appliquer qu'au roi d'Angleterre seul ; que j'avais lieu de croire que le prince d'Orange se contenterait des expressions que le sieur de Benting avait lui-même demandé dans la dernière conférence qui fussent employées dans le traité ; que je ne m'attendais pas qu'il pût en désirer de plus fortes ; que cependant je veux bien lui donner toute la satisfaction qui peut dépendre de moi sans nommer ni désigner le roi d'Angleterre, et que cette attention de ma part est si juste que le prince d'Orange lui-même n'a pu s'empêcher de souscrire à ce que je désirais sur cet article, le sieur de Benting ayant assuré le maréchal de Boufflers dans les deux dernières conférences que le roi d'Angleterre ne serait ni nommé ni désigné ; que je consens à me servir de la plus grande partie des termes du projet qu'il a donné et à l'étendre autant qu'il m'est possible de le faire ; que le terme de personne au singulier comprend tous ceux généralement qui peuvent troubler la tranquillité du prince d'Orange, et ne désigne point en particulier le roi d'Angleterre, et qu'enfin les clauses de l'article que j'ai fait dresser prévoient généralement tous les cas qui pourraient inquiéter le prince d'Orange et lui donnent les assurances qu'il me demande, sans m'engager à désigner particulièrement le roi d'Angleterre.

J'envoye en même temps au maréchal de Boufflers le projet de cet article, et je suis persuadé que, si les intentions du prince d'Orange sont aussi sincères que j'ai présentement lieu de le croire, les sûretés que je lui donne sont suffisantes pour lui ôter tout sujet de craindre que je veuille favoriser les entreprises qui seraient faites contre son autorité.

J'ajoute encore que je consens à la dernière clause de cet article à peu près comme elle a été dressée par le sieur Benting, et, quoique la soumission de mes sujets et leur zèle pour mon service m'assure assez de leur fidélité, j'ai cependant jugé que l'engagement que le prince d'Orange prendrait par cet article diminuerait encore davantage la première idée que le public peut avoir qu'il doit s'appliquer uniquement au roi d'Angleterre.

Mais, comme le sieur Benting, en laissant au maréchal de Boufflers la liberté de changer les termes du projet qu'il lui a remis, a fortement insisté à conserver ceux de personne ou personnes qu'il regarde comme essentiels, il arrivera peut-être que toutes les bonnes raisons dont le maréchal de Boufflers se servira ne convaincront pas le prince d'Orange qu'il puisse trouver les mêmes sûretés dans l'article dressé de la manière que je l'envoye. Ainsi l'Europe se verrait encore privée du bien de la paix qu'elle regarde comme prochaine, et qu'elle attend des facilités que j'ai apportées pour la procurer. Le refus d'une seule expression, qui, dans le fond, ne m'engage à rien de plus que ce que je veux bien faire, éloignerait plus que jamais toutes les espérances du prompt retour de la tranquillité publique.

Ces justes considérations m'obligent à prévoir toutes choses pour conduire à une heureuse fin les conférences du maréchal de Boufflers et du sieur de Benting.

Dans cette vue, j'ordonne au premier de ne rien oublier pour obliger le sieur de Benting à rendre compte au prince d'Orange du projet que j'envoye, s'il en faisait quelque difficulté, ne le trouvant pas conforme à celui qu'il a donné. De quelque manière qu'il y réponde, le maréchal de Boufflers lui dira que, comme il souhaite apparemment de savoir précisément les intentions de son maître sur ce projet, il est à propos qu'ils se revoient encore le lendemain, lorsque le sieur de Benting aura informé le prince d'Orange de cette dernière conférence, et il conviendra d'une seconde entrevue avec lui pour savoir sa réponse.

Si le sieur Benting persiste à demander dans cette seconde conférence que les termes de personne et personnes subsistent dans l'article, je permets au maréchal de Boufflers d'insérer ce dernier terme de personnes immédiatement après celui de personne souligné dans le projet que je lui envoye. Je vais encore plus loin, et, comme le bien de la paix ne doit pas être différé, lorsqu'il ne s'agira que du changement de quelques expressions et que le prince d'Orange ne demande plus celle du roi d'Angleterre, qui était un obstacle invincible, je veux bien qu'à toute extrémité le maréchal de Boufflers se conforme au projet du sieur de Benting, s'il voit que ce soit une nécessité absolue de le suivre, évitant toutefois, s'il est possible, de se servir du mot de « droit », lorsqu'il sera question du prince d'Orange, et le terme de « quelques prétentions qu'on puisse alléguer », mis à la fin du projet du sieur Benting. Mais, en tout cas, je laisse à sa prudence de ne pas insister aussi sur ces termes, s'il voit une égale nécessité à les admettre. Il est même nécessaire qu'il n'y témoigne pas une répugnance ouverte, et qu'il tâche à les éluder plutôt que de les combattre. Mais il ne doit se servir de ces tempéraments, comme je vous l'ai marqué, que dans la seconde conférence qu'il aura avec le sieur de Benting et à toute extrémité.

Quant à l'article qui regarde la principauté d'Orange, le sieur Benting s'est d'abord expliqué que son maître entrait parfaitement dans les justes raisons que j'ai de souhaiter que l'on prenne les précautions nécessaires pour empêcher que cette ville ne serve de retraite à ceux de mes sujets dont la conduite ne serait pas conforme à leur devoir. Il a protesté que les intentions du prince d'Orange étaient entièrement conformes à ce que je puis désirer ; qu'il connaissait combien il lui était important de prévenir tous les incidents qui pourraient altérer la paix, lorsqu'elle sera faite ; qu'il me priait en même temps d'avoir égard à sa souveraineté ; que, comme il est persuadé que je ne lui demanderai rien qui soit contre son honneur, il me prie de régler moi-même cet article de la manière que je le jugerai à propos, mais qu'il espère que mon intention est seulement d'exclure d'Orange ceux de mes sujets qui pourraient se servir de cet asile pour causer quelques troubles dans mon royaume.

Le maréchal de Boufflers a cru devoir s'expliquer alors au sieur de Benting des deux expédients dont je vous ai marqué que je lui avais permis de s'ouvrir ; mais, quoique ce dernier ait assuré que son maître serait très sensible à cette marque de ma confiance, il a cependant continué de dire qu'il s'en rapporterait à ce que je jugerais à propos de régler, et que, si cet article n'était décidé par un traité, il paraîtrait trop extraordinaire à ceux qui ne seraient pas informés de ses engagements secrets qu'il voulût exclure lui-même de la principauté d'Orange tous mes sujets sans distinction.

Comme cet engagement secret conviendrait davantage au dessein que je me propose d'empêcher que les nouveaux convertis de mon royaume n'aient commerce avec la ville d'Orange, et que les Français de la R. P. R. retirés dans les pays étrangers ne viennent s'établit dans cette ville, j'ordonne au maréchal de Boufflers de faire voir encore au sieur de Benting qu'il est plus avantageux pour le prince d'Orange de me donner cette parole secrète que je lui demande ; qu'il évite par ce moyen de donner lieu de croire que sa souveraineté soit bornée par aucun article du traité ; que mon intention est aussi de la lui laisser dans les mêmes droits que ses prédécesseurs en ont joui ; que l'on attribuera sans doute à la considération particulière qu'il aura pour moi la précaution qu'il apportera pour empêcher que ceux dont je serai mal satisfait puissent s'établir dans cette ville ; que l'on doit mettre dans ce nombre tous ceux de mes sujets qui sont sortis de mon royaume au préjudice de mes défenses, ou qui ne sont pas revenus, quand je l'ai ordonné ; que, cependant, ce ne serait qu'à mes sujets de la R. P. R. retirés présentement dans les pays étrangers que le prince d'Orange pourrait désirer de procurer un établissement dans cette ville ; que par conséquent, si ce prince veut éviter d'y admettre ceux dont je serai mal satisfait, il est absolument nécessaire qu'il m'informe auparavant de ceux de mes sujets qu'il peut avoir dessein d'y recevoir, parce que, dans le nombre de ceux qui sont sortis de mon royaume, il y en a très peu qui se soient conduits assez sagement dans les pays étrangers pour ne pas prévoir le trouble qu'ils pourraient causer, s'ils venaient à Orange.

Enfin, s'il ne s'agissait que d'un petit nombre que le prince d'Orange meproposerait, je ne m'arrêterais pas à cette difficulté, pourvu qu'il nommât des sujets qui pussent convenir et dont la sagesse me répondît qu'ils n'entretiendraient dans mon royaume aucun commerce qui me pût être désagréable. Mais, si le sieur de Benting continue à demander un article exprès pour ce qui regarde Orange, et à dire que son maître s'en rapporte à ce que je prescrirai, le maréchal de Boufflers lui donnera cet article que j'ai fait dresser tel que je vous l'envoye.

Je lui ordonnne aussi de ne rien donner par écrit. Mais, comme il est nécessaire que les termes ne soient point changés, je lui permets de se conformer à la manière dont l'un de vous en a usé au commencement de la négociation de la paix, et de souffrir que le sieur de Benting écrive ce que le maréchal de Boufflers lui dira... (1) »

____

1. Le Roi aux plénipotentiaires, 24 juillet 1697. — *Hollande*, t. 168.

Le « Mémoire » du Roi, amendant celui de Portland,
était ainsi rédigé :

« Et, comme l'intention du Roi très chrétien a toujours été de
rendre la paix ferme et solide, Sa Majesté s'engage et promet
pour elle et pour ses successeurs, rois de France, de ne troubler
ni inquiéter en quelque façon que ce soit le roi de la Grande-
Bretagne dans la possession des royaumes, pays, États, terres
ou gouvernements dont Sa Majesté britannique jouit présentement, donnant pour cet effet sa parole royale de n'assister
directement ou indirectement aucuns des ennemis dudit roi de
la Grande-Bretagne, de ne favoriser en quelque manière que ce
soit les cabales, menées secrètes et rébellions qui pourraient
survenir en Angleterre, et, par conséquent, de n'aider, sans
aucune exception ni réserve, d'armes, de munitions, vivres,
vaisseaux, argent ou d'autres choses, par mer ou par terre,
« personne », qui que ce puisse être, qui prétendrait troubler
ledit roi de la Grande-Bretagne dans la paisible possession
desdits royaumes, pays, États, terres ou gouvernements, sous
quelque prétexte que ce soit.

Comme aussi le roi de la Grande-Bretagne promet et s'engage, de son côté même, inviolablement, pour lui et ses successeurs, rois de la Grande-Bretagne, à l'égard du roi très
chrétien, ses royaumes, pays, États et terres de son obéissance (1),
et réciproquement, sans aucune exception ni réserve.

ARTICLE POUR ORANGE.

Et, d'autant que, par le traité signé aujourd'hui, l'on doit
espérer que l'Europe jouira longtemps du bien de la paix, le roi
de la Grande-Bretagne, voulant y contribuer de tout ce qui est
en son pouvoir et empêcher que la ville d'Orange, qui lui sera
rendue par Sa Majesté très chrétienne, ne serve de retraite aux
sujets de Sadite Majesté, qui auraient manqué à ce qu'ils lui
doivent, ledit roi de la Grande-Bretagne promet et s'engage
par le présent article secret de défendre de son propre mouve-

---

1. Au lieu « de son obéissance » il y avait d'abord « et gouvernements »,
ce qui a été rayé. Torcy, à la marge, a, de plus, ajouté cette note : « On a
changé les termes du projet donné par M. de Benting pour cette dernière
clause, celui de « gouvernement » ne pouvant convenir à Sa Majesté. Ainsi,
quand même M. le maréchal de Boufflers se conformerait à l'extrémité au
projet de M. de Benting sur ce qui regarde M. le prince d'Orange, cette
dernière partie de l'article doit toujours être de la manière que Sa Majesté
l'a fait dresser. »

ment, et en vertu de ses droits de souveraineté sur cette principauté, au gouverneur et à ses officiers de ladite ville et principauté d'y admettre et de souffrir qu'il s'y établisse aucuns des
sujets de Sa Majesté très chrétienne, à l'exception toutefois
des sieurs ..... à qui le roi de la Grande-Bretagne en a donné la
permission (1). »

Arrêtons ici le cours de nos transcriptions, et bornons-
nous maintenant à résumer les documents postérieurs
avant de conclure.

Le 26, le maréchal se rendit à Hal vers trois heures de
l'après-midi, et s'y aboucha de nouveau avec Portland,
un peu à l'écart, comme d'habitude. Après un nouvel
échange de compliments emphatiques, Boufflers communiqua à son interlocuteur les réflexions du Roi et de
Torcy concernant les expressions au moyen desquelles
Guillaume aurait voulu atteindre à Saint-Germain son
compétiteur. Il insista tout spécialement sur la sincérité
des bonnes intentions manifestées par son maître. Portland
lui répliqua que, « comme les traités ne se font pas
seulement pour les rois, mais encore pour les royaumes
et les États, on ne pouvait les trop bien expliquer. »
Néanmoins, après avoir écouté la lecture du projet
expédié de Versailles, il n'hésita pas à déclarer qu'on
s'en contenterait à Loo. Comme Boufflers ne le lui avait
montré qu'à titre de simple « griffonnage de sa main »
il fut convenu qu'on entrerait dans la première maison
qui se présenterait, pour que Portland pût en prendre
copie. La question d'Orange n'offrait pas plus de difficultés et ne causa pas par conséquent plus de retards.
Le diplomate anglais annonça de fort bonne grâce que
son maître était tout disposé à « donner sa parole secrète
de ne souffrir qu'aucun des sujets de Sa Majesté Très
Chrétienne s'établisse dans ladite ville et principauté,

---

1. Envoyé avec la dépêche du 24 juillet 1697 à MM. les plénipotentiaires.
On a rayé un second article qui défendait aux ministres protestants d'Orange
d'aller prêcher dehors, et, en général, d'entretenir n'importe quel commerce
avec les provinces voisines. — *Hollande,* t. 168.

d'Orange sans la permission et le consentement de Sadite Majesté, et qu'il serait très religieux dans l'exécution de cette parole. » Guillaume se bornait à demander si son engagement ne pourrait pas être limité à un, deux, trois ou quatre ans, après lequel temps il pourrait admettre des Français dans son enclave, mais « toujours avec cette réserve qu'aucun desdits sujets ne serait désagréable ni suspect à Sa Majesté. » Du reste, il s'en remettait entièrement sur ce point à sa discrétion et à sa volonté (1).

Tout n'était pas achevé cependant. Il restait à régler un point épineux de procédure. Comment introduire aux négociations officielles de Ryswick les résultats qu'on venait d'obtenir dans ces conférences à deux ? Portland fut le premier à interroger Boufflers sur « ce qu'il y aurait présentement à faire pour mettre à exécution les choses dont ils étaient convenus et accélérer la paix. » Il suffit à Boufflers de faire ressouvenir Portland que le prince d'Orange avait formellement promis, et spontanément, de « porter l'Empereur et les Espagnols à faire la paix. » Il lui appartenait donc de donner les ordres indispensables à ses propres plénipotentiaires, et, par voie réflexe, à ceux des États-Généraux. L'agent du prince n'y contredit pas. Il fit ressortir seulement les engagements de Guillaume envers ses alliés. « L'Empereur était le plus difficile, » mais il avoua que « les Espagnols, qui étaient plus raisonnables, avaient actuellement remis tous leurs intérêts à M. le prince d'Orange. » Du reste, Guillaume avait vu le projet délivré aux conférences de la part du Roi, et le trouvait « parfaitement bien. » Il avait été jusqu'à ajouter que, « quand il l'aurait dressé lui-même, il n'aurait pu le faire mieux pour tout le monde. » Ce qu'il souhaitait uniquement était que les ministres de Louis XIV au Congrès se montrassent désormais plus réservés dans leur langage qu'ils ne l'avaient été depuis les pourparlers de Hal. Ils auraient en effet, disait-on, attribué à Portland des propos qu'il était bien loin d'avoir tenus, celui-ci, par exemple,

---

1. Boufflers au Roi, 27 juillet 1697. — *Hollande*, t. 172.

« que M. le prince d'Orange ferait faire auxdits alliés
tout ce qu'il voudrait, et qu'il savait comment il fallait
les mener. » Portland termina en sollicitant le rétablissement du prince de Vaudemont, Henri de Lorraine,
l'ancien ami de son maître, devenu son protégé, dans la
principauté de Bitche, quitte au duc de Lorraine à faire
valoir ensuite, comme il le pourrait, ses droits prétendus. Avant de se séparer, on entra dans une maison du
faubourg de Hal, où l'on se procura du papier et de l'encre.
Le gentilhomme anglo-hollandais essaya de faire écrire
l'article convenu par le secrétaire de Boufflers, alléguant
qu'une ancienne blessure à la main droite lui rendait
pénible l'usage de la plume. Mais le maréchal tint bon,
et Portland, finalement, s'exécuta « sans difficulté (1). »

La réclamation de Guillaume III au sujet de Henri
de Lorraine, réclamation tout à fait surérogatoire, devait
avoir une suite. Le 29 juillet, M. de Giey arriva de Bruxelles avec un écuyer de Portland, chargé d'une recom-
mandation du prince d'Orange, qu'accompagnait un
« Mémoire » apologétique (2). « Cela, » remarquait
Boufflers, en envoyant les deux écrits, « fera certainement
un grand plaisir à M. le prince d'Orange, et l'engagera
de plus en plus à bien faire de sa part. » Le Roi répliqua
le jour même où le maréchal lui envoyait ce supplément
d'informations:

« Pour répondre aux instances qui vous ont été faites par le

---

1. Boufflers au Roi, 27 juillet 1697. — *Hollande*, t. 172.

2. « Quand j'eus la dernière fois l'honneur de vous voir, et que je vous
parlai par ordre du roi mon maître pour les intérêts de M. le prince de
Vaudemont, nous convînmes que je vous enverrais un « Mémoire » qui
va ci-joint. *(Cette pièce manque.)* Je vous supplie, Monsieur, de le vouloir
envoyer au roi très chrétien, et de procurer qu'il puisse être ordonné à ses
plénipotentiaires à Delft de concerter avec ceux d'Angleterre et de l'État,
pour faire ce qui est raisonnable et si juste pour l'intérêt de ce prince.
J'espère que j'aurai bientôt de vos nouvelles, et que le roi votre maître aura
envoyé à ses ministres les ordres dont nous sommes convenus être nécessaires pour terminer les affaires, considérant combien le terme est court... »
Portland à Boufflers, 29 juillet, envoyé par Boufflers le 30 juillet 1697.
— *Hollande*, t. 172

sieur de Benting pour les intérêts du prince de Vaudemont, dont il demande le rétablissement dans la propriété de Bitche, et qu'elle lui soit rendue pour en jouir comme il faisait avant la guerre, je ne puis entrer dans la discussion de ce qui doit lui appartenir, ou au duc de Lorraine. Je veux bien, en considération de l'amitié que le prince d'Orange a pour ledit prince de Vaudemont, admettre le seul expédient auquel je puisse consentir, qu'il soit marqué dans l'article de paix que Bitche razé sera rendu à qui il appartiendra, mais je ne puis spécifier à qui cette ville sera remise sans décider du droit de l'un ou de l'autre, et, le prince d'Orange étant allié du duc de Lorraine et ami du prince de Vaudemont, il convient que ce soit lui qui décide de leurs prétentions, et il m'est indifférent auquel des deux je rende cette ville (1). »

Les questions d'un intérêt direct entre Louis XIV et Guillaume III se trouvaient tranchées. Dans sa lettre, écrite aussi le 30 juillet pour la gouverne de MM. de Harlay, de Crécy et de Callières, le Roi s'applaudissait de voir « ainsi réglés les deux articles qui touchaient personnellement le prince d'Orange et qu'il avait le plus à cœur. » Il en inférait que ce prince « presserait désormais la conclusion de la paix (2). » Avec Boufflers, il s'était expliqué plus longuement.

« J'ai vu ce que le sieur de Benting vous a demandé, quelle démarche je jugeais que son maître devait faire pour avancer la négociation. Mais, comme le prince d'Orange connaît mieux que personne le génie de ses alliés, la conduite qu'il doit tenir avec eux et les démarches qui seront les plus capables de les porter à une paix, vous devez faire entendre au sieur de Benting que je me remets à son maître de celles qu'il croira nécessaires pour y réussir, vous expliquant que je suis persuadé que le prince d'Orange saura profiter de la confiance que les Espagnols prennent en lui pour déterminer l'Empereur, nonobstant les oppositions et la mauvaise volonté du comte de Quinsky, et porter généralement tous ses alliés à concourir au rétablissement général du repos de l'Europe.

---

1. Le Roi à Boufflers, 30 juillet 1697. — *D. G.*, t. 1402, p. 205.
2. Le Roi aux plénipotentiaires, 30 juillet 1697. — *Hollande*, t. 168.

Pour répondre à la plainte que le sieur de Benting a faite contre mes plénipotentiaires à Ryswick, premièrement, sur ce que, tous les alliés ayant reçu des réponses aux projets qu'ils leur avaient délivrés, ils n'avaient pas encore répondu au projet donné par les ministres du prince d'Orange, secondement, de ce qu'ils ont essayé de décrier les conférences qu'il a eues avec vous, vous devez lui répondre que le prince d'Orange ne doit point se plaindre que mes plénipotentiaires n'aient pas répondu par écrit à ses ministres, sachant bien que j'ai toujours déclaré que je ne m'engagerais à traiter directement avec lui que lorsque l'on serait convenu de tous les autres articles de la paix, à quoi lui-même avait consenti, et que c'est par cette raison que ses propositions ont été communiquées à mes plénipotentiaires par les ambassadeurs des États-Généraux, et non par les Anglais qui assistent aux conférences, ayant cependant permis à mes plénipotentiaires de répondre verbalement, ce que je ne doute point qu'ils n'aient fait présentement.

A l'égard du second sujet de plainte, où il allègue que mes plénipotentiaires ont essayé de décrier et de rendre odieuses les conférences que vous avez eues ensemble, je veux bien, pour votre instruction particulière, vous dire que, comme il était encore très incertain que les intentions du prince d'Orange fussent aussi sincères qu'elles le paraissent présentement, et que le secret de ce qui s'était passé dans la première conférence ne vous avait point été demandé, j'avais remis à la disposition de mes plénipotentiaires d'en faire l'usage qu'ils jugeraient à propos auprès des bien intentionnés pour la paix, afin d'en avancer la négociation ; mais vous devez répondre au sieur de Benting qu'il suffit que je sois assuré des bonnes intentions du prince d'Orange, et qu'il verra que les discours et la conduite de mes plénipotentiaires seront désormais conformes à la bonne opinion que j'en ai et qu'ils effaceront les impressions qu'ils auraient pu donner (1). »

Une dernière entrevue de Boufflers avec Portland au village de Coppegheim dans l'après-midi du 2 août mit fin à tous ces pourparlers. Le confident de Guillaume III, sans insister davantage en faveur du prince de Vaudemont, déclara que son maître « recevrait avec un grand plaisir

---

1 Le Roi au maréchal de Boufflers, 30 juillet 1697. — *D. G.*, t. 1402, p. 207.

et une grande sensibilité tôutes les nouvelles assurances que Boufflers venait de lui donner de l'estime particulière de Sa Majesté. » A l'en croire, « elle ne pouvait être trop persuadée du sincère désir qu'avait M. le prince d'Orange de répondre à tout ce que Sa Majesté pouvait attendre et désirer de lui, qu'il ne demeurerait en reste sur rien, et qu'en un mot il y aurait de sa part plutôt du plus, s'il était possible, que du moins. » Seulement, — il y avait un seulement, il y en avait même deux, — le chef de la coalition espérait bien que, si Barcelone était prise par les Français, on la restituerait comme tout le reste de la Catalogne à ses maîtres légitimes, sans quoi il serait quasi impossible d'amener l'Espagne à la paix. En outre, Guillaume désirait qu'un mandataire de son cousin, l'Électeur de Brandebourg, avec qui Louis XIV prétendait ne pas savoir qu'il fût en guerre (1), reçût l'autorisation de participer aux négociations de Ryswick. Le maréchal ne put répondre autre chose, sinon que ces deux matières nouvelles « n'étaient pas de sa mission ni de son fait (2). » Elles se trouvèrent par là renvoyées au Congrès, qui bientôt les discuta officiellement (3), et les deux fondés de pouvoirs de la France et de Guillaume prirent congé ce jour-là l'un de l'autre, ayant épuisé la liste des différends à aplanir entre eux. Grâce à leur accord, la paix de Ryswick se trouvait virtuellement faite.

Beaucoup d'historiens, et surtout de publicistes, n'ont cessé de représenter Guillaume III, fondateur de la Ligue d'Augsbourg, comme le champion héroïque, l'archange de la liberté de conscience et de la liberté politique de l'Europe également menacées par l'omnipotence tyran

---

1. « L'Électeur de Brandebourg n'a point eu de sujet particulier de me déclarer la guerre. Je n'ai point de traité séparé à faire avec lui, et il n'est mon ennemi que comme prince de l'Empire. S'il m'a déclaré la guerre en son nom, comme il le prétend, je l'ai ignoré. » Le Roi aux plénipotentiaires, 3 juin 1697. — *Hollande*, t. 167.

2. Boufflers au Roi, au camp de Weise, 3 août 1697. — *Hollande*, t. 172.

3. V. *Hollande*, t. 168, 169 et 172.

nique de Louis XIV. Il nous semble qu'après avoir parcouru les documents que nous venons de faire passer sous les yeux du lecteur on est obligé de renoncer à une bonne partie de ces vieilles illusions. Ce qui en ressort avant tout, pour nous du moins, c'est l'incontestable sagacité de Guillaume III, qui n'est pas en question, mais aussi son parfait égoïsme, qui n'est pas moins incontestable. S'il eut le mérite relatif de terminer cette guerre, il avait commis le crime de l'organiser pour ses seuls intérêts. Assurément, en 1688, il restait à Louis XIV plus d'une querelle d'Allemand à vider avec ses voisins des bords du Rhin. Mais les deux litiges en suspens à Cologne et à Heidelberg n'eussent jamais produit qu'un nouveau duel franco-germanique, de peu de durée. Le maître de l'Angleterre tint à mettre en feu le continent européen, pour y donner à sa Couronne de mauvais aloi le baptême du sang. Du jour où il vit qu'il fallait laisser à d'autres les lauriers qu'il comptait d'abord couper lui-même, il montra fort vite ce que valaient pour lui les deux grandes idées, les deux principes abstraits et sacrés sous le patronage desquels il avait affecté de placer sa cause. Sans souci de son beau programme, il ne songea plus qu'à sauver son trône volé et sa misérable enclave, laissant à l'Empereur et à Charles II le simple honneur d'avoir été ses dupes. Qu'était devenue sa promesse écrite d'assurer aux Habsbourg de Vienne la succession espagnole tout entière ? La leçon fut perdue à Vienne, puisqu'on y vit le même artifice encore employé en 1701 avec un égal succès. En vérité, dans l'obstination naïve, mais patriotique, de Léopold à retirer pour Guillaume les marrons du feu, il y a à notre sens, plus de grandeur d'âme que dans cet abandon sans scrupules d'alliés, qui, au lieu d'écraser la France et de récupérer leurs provinces cédées, ne **combattirent pendant près de dix ans que pour assurer à un grand seigneur hollandais le bénéfice d'une usurpation scandaleuse.**

V

Rien n'est plus instructif, et ne confirme mieux dans ses réflexions un peu amères l'historien philosophe, que de voir la désinvolture avec laquelle le roi d'Angleterre changea d'attitude, aussitôt qu'il eut dans son portefeuille les garanties si passionnément souhaitées par lui. Au lieu de rejeter sur la France, comme un mois auparavant, tout le mécontentement qu'il éprouve du progrès, trop lent à son gré, des négociations, c'est à ses propres alliés que s'en prend désormais sa mauvaise humeur. Dès le 25 juillet, il qualifie leur conduite de « mauvaise » *(kwaad)*. Il s'impatiente de voir qu'à Vienne on ne veuille pas sérieusement la paix, à laquelle il faudra bien pourtant en venir. Mais ce que surtout il déplore, c'est qu'on la repousse aussi à Madrid (1). Le 28, il déclare sans ambages au ministre autrichien Auersperg qu'il y a impossibilité de continuer la guerre et qu'il ne reste plus qu'à accepter les conditions offertes dans le terme fixé. Auersperg promet d'envoyer un exprès à sa Cour pour lui porter cette déclaration, et le roi d'Angleterre, en avertissant Heinsius, le prie de s'occuper personnellement de la solution (2). Le 1ᵉʳ août, il écrit encore au Pensionnaire pour lui annoncer que Portland ira lui porter sans retard à La Haye le résultat de l'entrevue sur laquelle il compte pour le lendemain. Il lui exprime son vif désir de causer avec lui de vive voix. Au besoin, il se rendra à Breda afin de le rencontrer (3). Mais l'empressement du roi d'Angle·terre, son ardeur de néophyte pour la paix et pour la

---

1. « *Voor de Keysersen vinde ick het niet vreemt, want sy soecken den vrede niet, hoe noodigh sy die oock hebben en willen daertoe geforceert werden, maer van de Spaensen die deselve soo seer begeeren en in d'uyterste benautheyt syn, is het onbegrypelyck.* » Guillaume III à Heinsius, 25 juillet 1697. — *Het Archief van Heinsius*, t. 3, p. 244.

2. Guillaume III à Heinsius, 29 juillet 1697. — *Het Archief van Heinsius*, t. 3, p. 245.

3. Guillaume III à Heinsius, 1ᵉʳ août 1697. — *Het Archief van Heinsius*, t. 3. p. 245.

France, se fait encore bien mieux sentir au Congrès somnolent du château de Ryswick.

Le 5 août, — on voit combien le revirement s'accentuait vite,—nos trois plénipotentiaires mandèrent au Roi:«Monsieur le conseiller Pensionnaire, qui a seul l'entière confidence de M. le prince d'Orange en toute cette affaire, et mylord Villers, beau-frère de M. Benting, publient que le prince d'Orange est entièrement d'accord avec Votre Majesté sur ce que ce Pensionnaire appelle affaires domestiques, c'est-à-dire sur tout ce qui regarde ce prince en particulier, et qu'il est très satisfait de Votre Majesté et très persuadé de son affection. Tout le monde, sur ce fondement, ne doutant point qu'il n'y ait encore plus de concert qu'on ne le publie, est convaincu que la paix est absolument faite ; que M. le prince d'Orange est convenu de faire accepter par tous ses alliés les conditions offertes et accordées par Votre Majesté (1). » Sept jours plus tard, un nouveau rapport de Callières fut encore de meilleur augure :

« Nous avons appris que les États d'Hollande, ayant été informés de ce qui s'est passé aux conférences avec M. le maréchal de Boufflers, ont fait un résultat *(sic)* secret, et qu'il porte que, si le Roi leur accorde des conditions favorables pour leur commerce, ils donnent pouvoir, à dessein de conclure la paix avec Sa Majesté aux conditions portées par le projet, et d'abandonner l'Empereur en cas qu'il persiste à ne les pas accepter. Nous avons appris au même temps que les amis du prince d'Orange dans le pays ne seraient pas fâchés que le Roi refusât à la République la satisfaction qu'elle demande sur les affaires du commerce, qui consistent dans les articles que nous avons marqués dans la dépêche du Roi, parce qu'ils appréhendent que l'ajustement de ces articles n'attache trop cette République à Sa Majesté, et qu'ils seront bien aises qu'il reste un levain de mécontentement qui oblige les républicains à avoir toujours recours au prince d'Orange et à l'Angleterre contre la France, ce qui nous confirme dans la ferme opinion que nous avons qu'il est de l'intérêt solide et essentiel de Sa Majesté de

---

1. Les plénipotentiaires au Roi, 5 août 1697. — *Hollande*, t. 168.

satisfaire à la promesse qui a été faite en son nom aux bons républicains qu'elle rétablira entièrement les choses en l'état qu'elles étaient après la conclusion du traité de Nimègue à l'égard de leur commerce, en leur accordant de plus la suppression du droit de 50 sols par tonneau avec la réserve que nous y avons mise (1). »

MM. de Harlay, de Crécy et de Callières ne tardèrent pas à envoyer au Roi des informations encore plus précises et concluantes. « Le Pensionnaire Heinsius, » écrivirent-ils le 15 août, « étant revenu lundi 12e de ce mois d'auprès du prince d'Orange, le premier de nous eut le lendemain une conférence avec lui. Ledit Pensionnaire l'assura que le prince d'Orange lui avait témoigné être entièrement satisfait et comblé du procédé ouvert et généreux de Votre Majesté à son égard, et dans une ferme résolution de satisfaire aux paroles qu'il a fait donner à Votre Majesté de déterminer tous ses alliés à une prompte conclusion de la paix. Il lui dit qu'elle ne tenait plus à leur égard qu'aux affaires de commerce, l'exhortant de donner les mains à les rétablir au même état qu'elles étaient après la paix de Nimègue (2). »

Les différends économiques qui retardaient jusqu'ici notre accord officiel avec la Hollande furent aplanis assez vite par la condescendance de Louis XIV. Le 27 août, il résolut d'accorder à la fois aux Hollandais « l'exemption du droit de 50 sols par tonneau » et de lever « la défense de l'entrée et du débit dans son royaume du hareng salé de sel étranger. » Jusque-là il n'avait voulu que leur laisser le choix entre ces deux concessions ou « facilités. » « Je vous dirai cependant, » ajouta-t-il, « que le bien de la paix l'emporte sur toutes les autres considérations. Je vois les inconvénients qu'il y aura pour mon royaume d'accorder en même temps ces deux articles. Mais la continuation de la guerre cause trop de malheurs à la Chré-

---

1. Callières à Pomponne, 12 août 1697. — *Hollande*, t. 168.
2. Les plénipotentiaires au Roi, 15 août 1697. — *Hollande*, t. 168.

tienté pour ne pas contribuer de tout mon pouvoir à les terminer (1). » Nos plénipotentiaires n'avaient donc plus qu'à sauvegarder de leur mieux les intérêts commerciaux de la France, ce qu'ils firent. Après avoir lutté seulement le temps nécessaire pour atteindre le terme du 1er septembre, à partir duquel Louis XIV n'était plus tenu à quoi que ce fût à propos de Strasbourg, ils cédèrent (2). De leur côté, les Hollandais ne manquèrent pas d'accepter ce qu'ils désiraient et ce qu'on leur offrait. Ils se bornèrent à réclamer d'ailleurs quelques ménagements en faveur des Impériaux (3). Un second délai pour la signature générale fut en effet accordé par Louis XIV, jusqu'au 20 septembre.

Voyant ses alliés s'éclipser jusqu'au dernier, sans en excepter l'Espagne, en même temps que l'Alsace et sa capitale lui échappaient définitivement, Léopold, à bout de ressources, chercha, faute de mieux, à s'assurer une compensation aux dépens de l'Espagne. Le 11 septembre, le comte Kinsky envoya de Vienne à Kaunitz, plénipotentiaire impérial au Congrès, une sorte d'*ultimatum* où figurait au cinquième rang la promesse formelle, exigée par l'Empereur du roi de France, « de remettre uniquement *in libero arbitrio* du roi d'Espagne de disposer de la succession d'Espagne et de laisser mettre à exécution ses dispositions *in vivis* ou testamentaires, sans opposition ou *impedimentum*, soit du Roi lui-même, soit de ses successeurs ou héritiers contre lesdites dispositions (4). » Mais, comme l'avait fait déjà pressentir le refus de Guillaume III du 21 mars précédent (5), comme Kaunitz

---

1. Le Roi aux plénipotentiaires, 27 août 1697. — *Hollande*, t. 169.

2. Les plénipotentiaires au Roi, 29 août et 3 septembre 1697. — *Hollande*, t. 169.

3. Callières à Pomponne, 12 septembre 1697. — *Hollande*, t. 169.

4. V. Gædeke, t. I, p. 139, note I.

5. Gædeke, t. I, p. 125 et 130. — Dès le 18/28 décembre 1696, le Roi d'Angleterre avait écrit à Heinsius : « *Het moet aparent om die redenen syn, die UEd. meent, weegens de successie van Spagne, dat sy oordeelen voor haer advantageuser te syn, dat gedurende den oorlogh geterminert wert als na de vreede, 't geen mogelyck waer is, maer dat is onse rekening*

le prévoyait dans une lettre à Harrach (1), le désir de Léopold se heurta à un refus indirect et habile, mais très décidé, du roi d'Angleterre (2). A la vérité, le Pensionnaire Heinsius se montra beaucoup mieux disposé pour l'archiduc (3). Il échoua aussi. La volonté de Guillaume était en somme prépondérante, et ce fut sous d'autres formes et en d'autres lieux que reparut plus tard la question de savoir si les deux puissances maritimes seconderaient ou non les visées de l'Empereur sur l'Espagne.

Ne pouvant plus rien espérer de ses alliés protestants, la Cour de Vienne résolut de tenter, en désespoir de cause, un suprême effort. Elle s'adressa, comme pis-aller, à la loyauté, au plutôt à la magnanimité du roi de France. C'était bien ce que Callières avait prévu. Vers le 20 septembre, à un moment où l'abandon de l'Angleterre, de la Hollande et de l'Espagne l'avait condamnée à un isolement irrémédiable, M. de Harlay reçut du baron de Seilern (4) la demande d'une entrevue particulière. Cette demande n'était faite qu' « avec de grandes mesures pour le secret, » même à l'égard des collègues du solliciteur. L'entrevue fut accordée, et Seilern lui donna d'abord pour objet « une pensée qui lui était survenue, et qu'il croyait plus capable que la paix même

niet, want ick nog al persisteer in myn voorige opinie, dat ons een prompte vreede absoluut nootsaekelyck is. » — Het Archief van Heinsius, t. 3, p. 222.

1. Gædeke, t. 1, p. 139.

2. Auersperg à Léopold, 7 septembre 1697. — Gædeke, t. 1, p. 139.

3. Kaunitz à Harrach, 18 septembre 1697. — Gædeke, t. 1, p. 140.

4. D'après M. Wurzbach, le biographe de l'Autriche, ce Seilern, que nous voyons apparaître à Ryswick, se serait appelé seulement Johann, serait né en 1675, et aurait été le neveu et le fils adoptif de Johann-Friedrich Seilern, mort en 1715 dans les plus grands honneurs à la Cour de Vienne. Nous ne pouvons adopter cette opinion, d'abord, parce qu'il semble infiniment peu vraisemblable que l'Empereur se soit fait représenter au Congrès de Ryswick par un diplomate de vingt-deux ans, et ensuite parce que le traité du 30 octobre 1697 est signé, au moins dans Dumont, J. F. B. de Seilern. Il est bien probable aussi que c'est l'oncle, et non le neveu, qui avait négocié trois ans auparavant sur les bords du Rhin avec l'abbé Morel et M. Verjus.

que l'on allait conclure de concilier et réunir parfaitement » les deux Cours ennemies : c'était le mariage de « Mademoiselle » avec le roi des Romains. Après avoir jeté cet appât à Harlay, son interlocuteur avoua « qu'il s'agirait particulièrement à son avis d'exécuter ce qui avait déjà été traité et fort avancé avec lui en Suisse touchant la succession d'Espagne. » Là-dessus Seilern s'en référait au témoignage de M. de Crécy. Toutefois, afin de mettre plus vite Harlay au courant de ce qui avait été fait, il lui confia la copie de deux pièces, l'une contenant « la proposition qu'il avait lors délivrée sur ce sujet à M. de Crécy et à l'abbé Morel, » l'autre, « la réponse qu'ils lui avaient faite ou dictée dans le même temps. » Il accompagna, ou saupoudra, tous ces discours d'éloges de « Mademoiselle, » de protestations de dévouement, d'insinuations mystérieuses, d'aveux d'impatience. « Quoi qu'il en soit, de la manière dont il me parla, » écrivit Harlay au Roi, en lui demandant des instructions pour faire face à cette ouverture, « il semble que l'affaire de la succession d'Espagne doit être la principale et plus essentielle condition, et il voulut seulement me faire entendre qu'il serait pourtant question de quelque chose de plus (1). » Ce fut aussi avec cette très vague confiance que Callières jugea la démarche. Il estimait d'ailleurs que « Mademoiselle était un trop grand parti pour faire acheter au Roi son mariage par cette renonciation. » A son avis, il eût mieux valu la réserver pour le duc de Lorraine (2).

Ces deux mariages, celui de « Mademoiselle, » c'est-à-dire d'Élisabeth-Charlotte d'Orléans, soit avec le duc de Lorraine, soit avec le « roi des Romains, » en d'autres termes, l'archiduc Joseph, fils aîné de Léopold, étaient, en quelque sorte, depuis longtemps à l'étude. Ils figuraient comme des armes de réserve dans l'arsenal de la

---

1. Harlay-Bonneuil au Roi, 23 septembre 1697. — *Hollande*, t. 169.
2. Callières à Pomponne, 27 septembre 1697. — *Hollande*, t. 169.

diplomatie autrichienne, et devaient suppléer au vide des véritables arsenaux de guerre. La célèbre devise : *Tu felix, Austria, nube,* avait de tout temps trop profité à la dynastie des Habsbourg pour avoir déchu en crédit auprès d'elle. L'idée qui semble d'abord avoir prévalu à Vienne, c'était celle du mariage lorrain. La raison en est toute simple. La nièce de Louis XIV aurait apporté à son mari les deux duchés de Lorraine et de Bar, à titre de restitution, plus Strasbourg et l'Alsace, à titre de dot. Le médiateur suédois, Liljenroth, après diverses démarches du président Canon (1) et entente avouée avec le comte de Kaunitz, se prêta même personnellement à cette manœuvre par une lettre du 12 septembre 1697 (2). Mais Louis XIV refusa nettement, non point qu'il ne consentît très volontiers à rendre le duché et à marier sa nièce au duc, mais parce qu'il tenait à ce que cet hymen n'eût aucune connexité avec la paix elle-même (3). Les conseillers de Léopold, quelques-uns du moins, entre autres Harrach (4), recoururent alors, sous une forme nouvelle, à leur vieil expédient matrimonial, afin de s'assurer, à défaut de l'Alsace, la paix d'abord, puis la succession d'Espagne, en songeant à unir la même nièce de Louis XIV, non plus à l'archiduc Charles, mais au roi des Romains.

Le 18 mai 1697, le Pape, dans une audience donnée au cardinal Janson-Forbin, lui avait fait une première ouverture, mais qui avait déjà passé par une longue filière. Le cardinal Colonitz, un des principaux prélats de la Hongrie, avait demandé au nonce de Vienne « si on pourrait prendre une entière confiance à M. Delfin, nonce auprès de Sa Majesté Très Chrétienne, pour ménager le mariage du roi des Romains avec Mademoiselle, l'assurant qu'il y

---

1. Les plénipotentiaires au Roi, 29 août et 12 septembre 1697. — *Hollande*, t. 169.

2. On la trouvera dans *Hollande*, t. 169.

3. Le Roi aux plénipotentiaires, 19 septembre 1697. — *Hollande*, t. 169.

4. Gædeke, t. I, p. 149.

voyait présentement de grandes dispositions de la part
de l'Empereur, et que ce serait un moyen propre à faciliter
la paix. » Le mariage projeté entre l'archiduc Joseph et
la princesse de Danemark venait de manquer, parce que
la jeune princesse s'était refusée à jouer la comédie d'une
conversion, au grand désespoir des bons ecclésiastiques
qu'on lui avait envoyés. Le nonce viennois, Santa-Croce,
avait répondu « qu'il serait à souhaiter, avant qu'il écrivît
sur ce sujet à M. Delfin, que M. le cardinal Colonitz pût
savoir plus particulièrement les sentiments de l'Empereur,
afin de ne point entrer dans une négociation de cette conséquence sans des mesures *(sic)* bien certaines. » Le cardinal en convint, et « se chargea d'en parler à l'Empereur, » puis, « de faire savoir au nonce ce que ce prince
aurait résolu. » Innocent XII annonça que lui-même
écrirait à Delfin « pour en rendre compte à Sa Majesté
Très Chrétienne (1).» Le Roi ne fit pas mauvais accueil à
cette nouvelle, mais il fut d'avis aussi qu'il valait mieux
sonder le terrain, avant de s'y risquer. « Avant que d'entrer dans cette affaire, » manda-t-il à Forbin le 12 juin,
« il est nécessaire d'être plus particulièrement informé
des véritables sentiments de l'Empereur, et la réponse du
nonce qui est à Vienne m'a paru fort sage. Si cette première
proposition a quelque suite, je verrai avec plaisir que cette
affaire soit confiée au cardinal Delfin (2). »

Le 5 juillet, Janson-Forbin eut une nouvelle audience
du Saint-Père. L'ambassadeur lui fit connaître le contenu
de la dépêche du Roi relativement au projet de mariage.
Mais le Pape n'avait rien de bien encourageant à lui ap-
prendre. Colonitz était allé en Hongrie, et n'avait plus
reparlé de l'affaire au nonce. Toutefois ce dernier avait su
par l'évêque de Solsoña, ambassadeur d'Espagne à Vienne,
que, si l'Impératrice se refusait péremptoirement à avoir
une ex-hérétique pour belle-fille, en revanche, le princi-

---

1. Janson-Forbin au Roi, 21 mai 1697. — *Rome*, t. 382, fol. 227-228.
2. Le Roi à Janson-Forbin, 12 juin 1697. — *Rome*, t. 382, fol. 237-238

pal intéressé, Joseph, « ne témoignait aucune inclination d'épouser une princesse de la France. » On persistait à parler pour lui d'une alliance dans l'humble maison de Guastalla (1). Bientôt, Janson-Forbin dut transmettre de nouvelles confidences qui ne laissaient plus guère d'espérance raisonnable. « Le nonce de Vienne marque que le cardinal Colonitz, au retour de son archevêché de Strigonie, lui avait dit qu'il prendrait son temps pour parler à l'Empereur du mariage de Mademoiselle avec le roi des Romains, ce qui fait voir, » poursuivait notre ambasdeur, « que la première démarche de ce cardinal n'a pas été par ordre de l'Empereur » (2). C'était du reste ce que la « Palatine », mère de « Mademoiselle, » avait déjà écrit le 29 juillet à la princesse Sophie de Hanovre (3). Il n'y a donc pas lieu d'attacher de l'importance à une proposition analogue faite un peu ultérieurement à Vienne par le baron de Plettenberg, au nom de l'évêque de Munster, son frère (4).

Au surplus Louis XIV avait, sans hésiter, coupé court depuis longtemps à ces « manœuvres de la dernière heure. » Le 20 septembre, à minuit, dernier terme fixé par l'*ultimatum* de la France, les Hollandais signèrent le traité, puis l'Angleterre, puis l'Espagne. Sept jours plus tard, le Roi écrivit à Harlay avec autant de netteté que de bon sens.

« J'ai reçu la lettre particulière que vous m'avez écrite du 23e de ce mois avec les projets qui vous ont été donnés par le sieur Seyler. Vous pouvez aisément juger que, de la manière dont ils sont dressés, ils ne peuvent engager une négociation, ni persuader que l'Empereur désire bien sincèrement de traiter. Il me paraît cependant qu'il ne convient pas de fermer entièrement toutes sortes de chemins à des propositions qui seraient

1. Janson-Forbin au Roi, 9 juillet 1697. — *Rome*, t. 383, fol. 112-113.
2. Janson-Forbin au Roi, 16 juillet 1697. — *Rome*, t. 383, fol. 142.
3. Cité par Onno Klopp, t. 7, p. 216.
4. Les plénipotentiaires à Pomponne, 18 octobre 1697. — *Hollande*, t. 173.

plus raisonnables. Ainsi vous pouvez dire au sieur Seyler que, lorsque la paix sera faite, on pourra plus facilement entrer dans quelque négociation, et que l'Empereur ne me trouvera pas alors moins disposé à ce qui peut lui convenir que je l'étais en l'année 1668 (1). »

Livré à ses seules ressources, le chef du saint-empire n'alla pas bien loin dans sa lutte aveugle contre Louis XIV. Il se vit à son tour obligé de prendre la plume et de déposer les armes le 30 octobre. L'unique résultat de son obstination fut la perte complète et définitive de Strasbourg, qui devait rester française pendant près de deux siècles. L'Espagne, au contraire, outre Luxembourg, avait recouvré Barcelone. En sa qualité d'héritier présomptif, il était fort adroit de la part de Louis XIV de ne point trop écorner l'héritage, ne fût-ce que pour ne pas se faire déshériter au profit d'un de ses deux rivaux, car il y avait plus que jamais trois candidats, quoiqu'il n'y eût jamais eu que deux infantes. En somme, il ne fut pas dit un mot de la succession de Charles II dans les traités de Ryswick. Or, tant qu'un pareil problème n'était pas tranché, il ne pouvait y avoir de stabilité durable dans l'équilibre de l'Europe. Cette paix n'était par conséquent qu'une apparence de paix, qu'une halte entre deux grandes guerres. Demeurée sans solution, l'affaire d'Espagne allait remonter d'elle-même à la surface des affaires internationales pour y reprendre la première place, et, désormais, l'y conserver.

---

1. Le Roi à Harlay, 27 septembre 1697. — *Hollande*, t. 169.

APPENDICE.

Lettres du duc de Savoye à Louis XIV.

« MONSEIGNEUR, après les témoignages que je viens de recevoir des bontés de Votre Majesté, je dois espérer qu'elle aura celle d'oublier ce qui s'est passé, et d'agréer cette fidèle protestation de la gioe *(gioia)* infinie dont je me sens pénétré de me voir dans l'honneur des bonnes grâces de Votre Majesté par de si précieux liens que ceux qu'elle a bien voulu qui m'attachent indissolublement à la royale personne de Votre Majesté et à ses intérêts. Je supplie très humblement Votre Majesté d'être très persuadée que ce sera toujours mon plus grand empressement de lui en donner des marques bien positives et de la passion très respectueuse avec laquelle je serai toute ma vie de la manière du monde la plus dévouée, Monseigneur, de Votre Majesté, le très humble et très obéissant serviteur. V. Amé. A Turin, ce 29 juin 1696. » — *Turin* t. 95, fol. 31.

« Monseigneur, je profite avec empressement de cette occasion, comme je ferai toujours de toutes les autres, de renouveler les assurances de mes très humbles respects à Votre Majesté. Je la supplie de réfléchir avec bonté à ce que M. le comte de Tessé aura l'honneur de représenter à Votre Majesté, et d'être fortement persuadé que je n'aurai jamais de plus grande passion que celle de mériter la puissante protection de Votre Majesté et la gloire d'être avec plus de respect et de vérité que personne, Monseigneur, de Votre Majesté le très humble et très obéissant serviteur. V. Amé. A Turin, ce 22 août 1696. » — *Turin*, t 95, fol. 82.

« Monseigneur, le repos de l'Italie qu'on avait refusé à la grande générosité de Votre Majesté vient d'être le fruit de ses armes victorieuses, qui ont acquis par là une nouvelle gloire, et à la modération d'un Roi toujours triomphant. M. le comte de Tessé rendra un compte plus particulier à Votre Majesté de ce détail et des petits soins que je me suis donnés pour le succès de ses intentions. Je lui proteste que je n'en épargnerai jamais point pour tâcher de mériter l'honneur de la puissante protection de Votre Majesté et la rendre fortement persuadée qu'on ne peut rien ajouter à l'attachement très sincère et très dévoué que j'aurai toute ma vie à son service et que personne ne sera jamais avec plus vérité et de respect, Monseigneur, de Votre Majesté, très humble et très obéissant serviteur. V. Amédé. Turin, ce 16 octobre 1696. » — *Turin*, t. 95, fol. 228.

Vers du « Mercure » sur Guillaume III.

« Toujours vaincu, jamais vainqueur,
Nassau va son chemin de Flandre en Angleterre,
Laisse passer l'hiver, puis revient à la guerre,
Quand les prés et les bois ont changé de couleur.
Les alliés, las de leur destinée,
Et peu contents que, chaque année,
Par de magnifiques apprêts
Il les mène battre à grands frais,
Murmurent en secret de l'espérance vaine
Dont, sur sa foi, chacun d'eux s'est flatté.
Guillaume se rit de leur peine,
Et ne paraît pas plus hâté
A se faire par la victoire
Un glorieux nom dans l'histoire.
Il décampe en hiver pour camper en été,
Et souffre en paix que la Ligue se plaigne ;
Il se promène, il se repose, il règne !
C'est tout ce qu'il a souhaité.
Pour hâter ces milords, qui vous font trop attendre,
Et vous empêchent de passer,
L'an prochain, de bonne heure, en Flandre,
Ne sauriez-vous, Nassau, leur faire entendre
Qu'il reste à Saint-Malo des vitres à casser ? (1) »

---

1. *Mercure de France*, janvier 1694, p. 319.

La Paix de Ryswick

d'après M. Michelet.

Histoire de France, tome XVI, pages 110-112.

Nous pensons qu'il ne sera pas sans quelque intérêt pour le lecteur de savoir comment M.Michelet, (de l'Institut,) devenu l'historiographe posthume et officiel de la France républicaine, a raconté, disons simplement résumé, l'histoire de cette paix de Ryswick. Nous laisserons de côté la question de style et de patriotisme, quoique, sur le second point au moins, on ait le droit de s'étonner du langage tenu par un Français. Notre seul désir est d'attirer l'attention sur l'impartialité et l'exactitude habituelles de l'auteur.

« Tout ce qui, en Angleterre (après la conspiration de Barclay), savait écrire, s'engagea par écrit à défendre ou venger le roi. Il y eut 314 mille signatures (1). Guillaume se sentit si haut, si fort dans ce moment (2), qu'il ne voulut savoir aucun des noms des traîtres ; il fit couper la tête aux assassins qui offrirent de les révéler... (3). Louis XIV, ayant détaché la Savoye de la coalition, hésitait à subir la condition humiliante que l'épuisement lui imposait : la reconnaissance de Guillaume (4). La Chambre des Communes supplia celui-ci de n'accorder nulle négociation, si, au premier article, il n'était reconnu roi d'Angleterre. La France était si bas que l'impôt ne rendait plus rien. Le désespoir fit perdre le respect. Un grand

---

1. Il nous semble qu'à la fin du XVIIᵉ siècle il devait y avoir, dans les trois royaumes, plus de 314 mille personnes sachant écrire. Et puis il y restait bien quelques partisans de Jacques II et du catholicisme.

2. V. plus haut, p. 78 et 124.

3. V. dans Macaulay lui-même, sur le témoignage de qui M. Michelet s'appuie, ce qui reste de vrai dans ces assertions, et combien il y eut de conspirateurs exécutés par le bourreau. — Traduction de M.A. Pichot, t. 6, p. 384 et suiv.

4. On a vu plus haut (p. 50) que les Instructions délivrées à Callières le 2 juin 1695 assuraient déjà à Guillaume III le trône d'Angleterre, et (p. 46) que dès 1693 M. de Saint-Arnould ne lui avait pas refusé la reconnaissance qu'il souhaitait passionnément.

cri de douleur, de révolution, échappe au Mirabeau du temps (1), un petit juge (2) de Rouen, l'immortel Boisguilbert. Au contraire, le crédit anglais se relevait. L'hypothèque générale, la création d'un fonds consolidé, rassurant les prêteurs, Guillaume eut l'argent qu'il voulut. Il se retrouva riche et fort à la fin de cette longue guerre. Nous, nous étions *in extremis.* Contre l'Espagne même, qui ne put réunir mille hommes, nous avions eu peu de succès. Nous n'occupâmes Barcelone que par l'abandon de la garnison espagnole (3). En Amérique, on surprit Carthagène. Une société d'amateurs (*sic*) envoya une flotte sous l'amiral Pointis qui, sans scrupule, se fit aider par 1.200 flibustiers (4). Effroyable assistance qui fit, dans une ville rendue par capitulation, un des plus grands malheurs du siècle. Il y avait à Carthagène d'énormes masses d'or qu'on devait partager avec les flibustiers. Mais Pointis vola les voleurs, enleva les lingots en mer ; les flibustiers exaspérés, se vengèrent sur la pauvre ville, renouvelèrent plus cruellement (5) les horreurs d'Heidelberg, et firent subir aux femmes la plus infâme exécution (6). Ce honteux et barbare succès ne relevait pas nos affaires (7).

---

1. Un Mirabeau muet.

2. Lieutenant-général au bailliage de Rouen, Boisguilbert eût été peu flatté de la qualité « de petit juge », à laquelle il eût pu répondre par « barbouilleur de papier. »

3. Il y avait dans la place 12 mille soldats « professionnels », et 4 mille miliciens ; de ces 16 mille défenseurs, il ne sortit de Barcelone que 7 mille hommes plus ou moins valides. La tranchée avait été ouverte le 15 juin ; la capitulation fut signée le 10 août. Notre armée avait elle-même perdu 8 à 9 mille hommes. (V. H. Martin, t. 14, p. 228-229.) Étant donné ces chiffres, il est un peu dur d'accuser les Espagnols de lâcheté honteuse, et les Français, de bonne fortune peu méritée.

4. Quelle était la nation civilisée à cette époque qui eût éprouvé un scrupule en pareil cas, et pourquoi réserver le reproche pour ses concitoyens ?

5. On se demande sur quels documents M. Michelet a établi cette comparaison.

6. M. H. Martin (p. 227) ne dit rien de ce genre de crimes, d'ailleurs fort vraisemblables, mais que M. Michelet, à ses risques et périls, a tirés de sa seule imagination, fort inventive en pareille matière. M. H. Martin écrit simplement que Carthagène se défendit ort vaillamment, que « les habitants emportèrent leurs effets », mais que « tout l'or, tout l'argent, toutes les pierreries furent la proie du vainqueur. » Il ajoute que « les officiers de l'escadre et les flibustiers s'étaient fait largement leur part » dans les vingt millions perdus par les Espagnols. M. Michelet aurait bien dû nous faire savoir à quelles sources il avait puisé le reste de ses renseignements. Nous espérons que ce n'est pas dans quelque pamphlet de Hollande ou de Francfort.

7. « Les événements d'Espagne exercèrent une pression beaucoup plus

Il fallut se soumettre à avaler l'amère pilule (*sic*), *reconnaître Guillaume,* promettre de ne plus le troubler dans la possession des trois royaumes, de n'aider plus ses ennemis ni les conspirateurs (1) (1698) (2). Il fallut rendre tout ce qu'on avait pris depuis le traité de Nimègue (3), et restituer tous les vols. L'Empire encore cette fois perdit seul ; on garda l'Alsace (4). La question n'était pas moins tranchée et sur terre et sur mer par La Hogue (5) et Namur contre la France et le catholicisme. L'Angleterre se sentit le pilote des affaires humaines, et se dit : *Rule, Britannia !* »

M. Michelet a certes placé là fort à propos les deux premiers mots de l'hymne anglais, mais il nous semble que ce n'est pas une histoire ni bien juste ni bien instructive des négociations de Ryswick qu'il a écrite, et que le grand historien de la démocratie française, l'inspirateur ordinaire, le guide de M. Larousse à travers les dédales du passé, aurait pu faire mieux. Nous craignons fort que, dans ses dix-neuf volumes, on ne rencontre pas beaucoup plus souvent la fameuse « rigueur scientifique » si à la mode aujourd'hui. Mais nous savons qu'on tient à n'enseigner que la vérité pure dans nos écoles publiques, et peutêtre, après tout, l'intuition révolutionnaire de M. Michelet l'a-t-elle mieux servi que la lecture des livres et des manuscrits. Admettons donc qu'il y ait un chef-d'œuvre de plus, là où nous n'apercevons qu'une courte, mais haineuse bouffonnerie.

---

forte encore, » écrit M. H. Martin, avant de raconter la prise et le pillage de Carthagène.

1. Il y a quelque mérite moral à se déprendre de ses sentiments et de ses idées, même les plus nobles, pour une cause ou un devoir d'ordre supérieur.

2. D'après la plupart des historiens, les traités de Ryswick sont tous de 1697.

3. Excepté au moins Strasbourg.

4. On n'avait donc pas tout rendu, car l'Alsace méritait de compter.

5. La Hogue fut si peu la fin de la marine française qu'un an après, le 28 juin 1693, au cap Saint-Vincent, Tourville faisait perdre plus de cent navires aux puissances maritimes, et, disons-le, quitte à effaroucher l'honnêteté de M. Michelet, leur enlevait, sans les leur rendre, trente millions. V. H. Martin, p. 181-183.

www.ingramcontent.com/pod-product-compliance
Ingram Content Group UK Ltd.
Pitfield, Milton Keynes, MK11 3LW, UK
UKHW020211130726
13696UKWH00002B/845